COLOSSENSES

SÉRIE
*Comentário
Bíblico*

Elinaldo Renovato

COLOSSENSES

A PERSEVERANÇA DA
IGREJA NA PALAVRA
NESTES DIAS
DIFÍCEIS E TRABALHOSOS

CPAD

Preparação dos originais: Kleber Cruz
Revisão: Daniele Pereira
Capa e projeto gráfico: Eduardo Evangelista
Editoração: Rodrigo Sobral Fernandes

CDD: 220 – Comentários Bíblicos
ISBN: 85-263-0616-2

Para maiores informações sobre livros, revistas, periódicos e os últimos lançamentos da CPAD, visite nosso site: http://www.cpad.com.br

As citações bíblicas foram extraídas da versão Almeida Revista e Corrigida, edição de 1995 da Sociedade Bíblica do Brasil, salvo indicação em contrário.

Casa Publicadora das Assembléias de Deus
Caixa Postal 331
20001-970, Rio de Janeiro, RJ, Brasil

1ª edição: 2004

Prefácio

Maçãs de Ouro e Salvas de Prata

Provérbios 25.11

Como maçãs de ouro em salvas de prata, assim é a palavra dita a seu tempo.

Diante dos modismos que vêm assolando as igrejas evangélicas, sentíamos a urgência de uma obra que realçasse a genuína doutrina bíblica e combatesse as apostasias que o adversário busca semear em nossos arraiais. Procuramos, então, contatar um dos mais zelosos doutrinadores de nosso país, para que nos comentasse a Epístola de Paulo aos Colossenses. Não é necessário acrescentar que o pastor Elinaldo Renovato aceitou prontamente a tarefa. Aliás, faz parte de sua natureza encarar com presteza os grandes desafios.

Havia, porém, uma pergunta: Por que Colossenses?

Se por um lado esta carta exalta a soberania de Cristo, por outro, denuncia uma série de heresias que persistem em minar o alicerce da Igreja. Trata o apóstolo, além disso, do dia-a-dia do cristão em sociedade; pois é justamente num cotidiano atribulado e estressante que deve brilhar nosso testemunho.

Colossenses é uma epístola profundamente teológica e prática.

Já entregue à dificílima tarefa, e já absorvido no solitário trabalho de meditação e pesquisa, o pastor Elinaldo, com a disciplina e a disposição que lhe caracterizam o ministério, logrou concluir a obra no tempo aprazado. Tão logo nos pusemos a lê-lo, concluímos: é de um livro assim — direto, objetivo, enérgico e profundamente bíblico e teológico — que precisamos nesse momento.

Eis um texto, portanto, mais que apropriado; um texto que é servido como aquelas maçãs referidas por Salomão: "Como maçãs de ouro em salvas de prata, assim é a palavra dita a seu tempo" (Pv 25.11). A Igreja de Cristo recebe uma palavra não somente oportuna, mas acima de tudo coerente e firme, a fim de que jamais venha a esquecer-se da soberania de Cristo. E também haverá de se preparar melhor para combater os erros doutrinários nestes dias difíceis e trabalhosos.

Sempre a serviço do Reino de Deus,

Ronaldo Rodrigues de Souza
Diretor Executivo da CPAD

Introdução

A Epístola aos Colossenses é um livro de apenas quatro capítulos. Comentá-los não é tarefa das mais fáceis, visto que exige uma análise bíblica e teológica aprofundada, a partir de poucas informações disponíveis.

Porém, com a graça do Senhor Jesus, e a direção do Espírito Santo, é possível extrair dessa carta grandes lições para a Igreja de Cristo nos últimos tempos de sua história. Com a ajuda de comentaristas abalizados, tivemos a felicidade de encontrar idéias e palavras que traduzem, para o presente, mensagens edificantes enviadas pelo apóstolo dos gentios aos cristãos de Colossos.

Podemos ver, na análise encetada, que os destinatários da carta de Paulo faziam parte de uma igreja local, numa das cidades menos importantes da Ásia (à época em que a epístola foi escrita), ameaçada pelas heresias gnósticas que assolaram o ambiente cristão nos primeiros séculos.

O gnosticismo era uma filosofia herética das mais perigosas, visto que pretendia explicar todas as coisas por meio da *gnosis* (conhecimento). A salvação, para os gnósticos, não seria obra do Cristo Redentor, do Unigênito de Deus, e sim o fruto do conhecimento esotérico, ao alcance apenas de alguns iniciados, com base em falsos ensinamentos e doutrinas heréticas, que misturavam conceitos orientais, judaicos, filosóficos e cristãos. Contra tais doutrinas, nada menos que oito livros do Novo Testamento foram escritos.

Os gnósticos negavam a supremacia de Cristo, valorizavam o "culto aos anjos" e se embrenhavam nos meandros do ocultismo. Sem dúvida, era um tipo de arranjo doutrinário que pode ser considerado como parte do embrião da chamada Nova Era. Essa filosofia gnóstica ainda hoje tem seus efeitos danosos nas mentes despreparadas da maioria dos que buscam a verdade em falsas fontes. É a filosofia preferida entre os intelectuais, que se julgam donos do saber e rejeitam a verdade pura, simples e cristalina do evangelho de Jesus.

Na Carta aos Colossenses, Paulo, o doutor dos gentios, com muita ousadia e coragem, levanta a "espada do Espírito" — a Palavra de Deus — e exorta os crentes a se manterem fiéis ao Senhor e Salvador Jesus Cristo, aquEle que tem a preeminência em tudo, e sobre tudo, desde a criação, passando pelo universo, a morte e todos os poderes cósmicos! Isso porque "nele foram criadas todas as coisas que há nos céus e na terra, visíveis e invisíveis, sejam tronos, sejam dominações, sejam principados, sejam potestades; tudo foi criado por ele e para ele. E ele é antes de todas as coisas, e todas as coisas subsistem por ele" (Cl 1.16,17).

O "mistério do evangelho" é desvendado na revelação de Paulo, que lhe foi dada pelo Espírito Santo. O conceito de "inteligência espiritual" é apresentado de maneira singular, demonstrando que, acima de qualquer tipo de "inteligência", a compreensão das verdades do evangelho é o mais alto nível de inteligência que um ser humano pode alcançar.

Os falsos ensinos e as heresias, considerados "filosofias e vãs sutilezas", são combatidos por Paulo de modo incisivo e com fundamento espiritual sólido, baseados na fonte maior do saber verdadeiro, que é a Palavra de Deus. Na epístola, a vida do cristão é orientada no sentido de se preservar a liberdade concedida por Cristo na cruz, em lugar de se deixar dominar por ordenanças que são "tradição de homens". O apóstolo também não se esqueceu de doutrinar sobre a família, bem como sobre as relações de trabalho que devem nortear o comportamento daqueles que são senhores, ou patrões, bem como dos que, pelas circunstâncias da vida, colocam-se na condição de servos.

Colossenses é uma pequena carta em conteúdo escrito, mas um grande livro em conteúdo doutrinário, devocional e exegético. Que o Senhor da Igreja, Jesus Cristo, nos ilumine, e nos ensine a aplicar os princípios de Colossenses à nossa vida cristã, no século XXI.

Parnamirim, RN, 17 de janeiro de 2004.

Pastor Elinaldo Renovato de Lima

Sumário

Capítulo 1

Uma Igreja Ameaçada pelas Heresias

Colossenses 1.1-8

"Para que possais andar dignamente diante do Senhor, agradando-lhe em tudo, frutificando em toda boa obra e crescendo no conhecimento de Deus" (Cl 1.10).

O antídoto contra as heresias é o ensino da sã doutrina, fundamentado na Palavra de Deus. Diz o salmista: "A exposição das tuas palavras dá luz e dá entendimento aos símplices" (Sl 119.130); "Lâmpada para os meus pés é tua palavra e luz, para o meu caminho" (Sl 119.105). A Igreja em Colossos foi cercada por hostes malignas que influenciaram falsos ensinadores, e estes lhe apresentaram uma mistura de doutrinas que continham elementos provenientes do judaísmo, do gnosticismo e de caráter esotérico. O apóstolo dos gentios teve que brandir a espada do Espírito para combater as terríveis heresias que ameaçavam a pequena igreja, incrustada na região da Frígia. Os ensinamentos paulinos aos colossenses servem, sem dúvida alguma, para prevenir as igrejas cristãs na atualidade contra os falsos e antigos ensinos, que são trazidos pelos mesmos espíritos que atacaram aquela comunidade cristã. Neste primeiro capítulo, de fundo histórico e informativo, precisamos ter um pouco de paciência ao travar conhecimento com as bases do assunto. Nos demais, nos deteremos melhor na análise textual da epístola.

A doutrinação de Paulo aos colossenses serve muito bem para dar à Igreja nos dias presentes uma orientação sábia e firme contra as heresias dos tempos modernos, muitas das quais têm raízes nos movimentos heréticos que perturbavam a fé dos crentes de Colossos. O gnosticismo não é novo. Remonta a séculos passados, quando o Diabo introduziu uma visão estranha quanto ao mundo espiritual, aproveitando conceitos judaicos, misturados com elementos do ocultismo. Hoje, a chamada gnosiologia, que arroga ser detentora do verdadeiro saber, nada mais é do que uma edição pós-moderna das heresias gnósticas, que exigiram um combate ferrenho por parte do apóstolo dos gentios e de outros mensageiros do evangelho de Cristo. Contra o gnosticismo, nada menos do que oito dos livros do Novo Testamento foram escritos, advertindo a Igreja contra suas falácias e sutilezas.

A carta de Paulo aos cristãos de Colossos contém verdades sobre a pessoa de Jesus, como também ensinos fundamentados (*didakê*) que fortaleceram a fé daqueles crentes ameaçados pelas hostes malignas, contra aqueles que se aproveitavam de ensinos filosóficos para deturpar a verdade do evangelho.

I – A Carta de Paulo

A Epístola aos Colossenses faz parte de um conjunto de escritos paulinos, chamado de "cartas da prisão", ao lado de Efésios, Filipenses e Filemom.

1. O lugar de origem

Há quem diga que poderia ter sido em Cesaréia ou em Éfeso. Entretanto, as evidências internas da carta indicam que foi escrita quando o apóstolo se encontrava preso, em Roma, por causa do evangelho.

2. A autoria

Existem dúvidas de certos críticos quanto à autoria da carta, mas a maioria dos estudiosos do Novo Testamento entende que a mesma é de autoria do apóstolo Paulo. Basta ler o seu primeiro versículo (1.1) e o último capítulo (4.18) para se corroborar a autenticidade da autoria paulina. Esse aspecto é de somenos importância. O essencial é observar-se o valor bíblico-teológico da epístola, que contém relevantes ensinos aplicáveis à Igreja do Senhor Jesus nestes tempos modernos, que são tão perigosos quanto os tempos vividos pela Igreja no período em que a carta foi escrita.

3. O período em que foi escrita

Tudo indica que a carta foi escrita entre 62 e 64 d.C.

4. O propósito da carta

Sem muito esforço, pode-se constatar que o propósito da carta foi advertir a Igreja em Colossos contra as heresias que ameaçavam solapar a fé dos cristãos que ali se congregavam.

II – Colossos — Uma Cidade Importante

A igreja a que se refere a epístola situava-se na cidade de Colossos, encravada na região ao sul da Frígia antiga, no vale do rio Lico, um afluente do rio Meandro, numa área que hoje corresponde à Turquia ocidental. Segundo os estudiosos, ela ficava numa rota comercial entre a cidade de Éfeso, a oeste, e a Frígia, ao leste. Num mapa da antiga Europa pode-se localizar a região em estudo. Nos seus primórdios, segundo Pátzia,[1] "Graças a seus interesses comerciais, Colossos havia sido uma cidade cosmopolita importante, que incluía diferentes elementos religiosos e culturais... A importância de Colossos como cidade diminuiu nos períodos helenístico e romano. Na época do apóstolo Paulo, era a cidade menos importante da área". Segundo esse autor, a cidade teria sido devastada por um terremoto em 61 d.C. e, diferentemente das cidades vizinhas de Laodicéia (cerca de dezesseis quilômetros a oeste) e Hierápolis (cerca de vinte e cinco quilômetros), Colossos jamais foi reconstruída. A maior parte dos crentes de Colossos era formada por gentios, embora houvesse um número expressivo de judeus habitando ali.

III – A Igreja em Colossos

1. Sua fundação

Não se sabe ao certo quando a Igreja em Colossos foi fundada. Não há um registro no livro de Atos quanto a qualquer visita que o apóstolo Paulo tenha feito àquela comunidade. Epafras, natural de Colossos, discípulo e colaborador de Paulo, é apontado como o fundador da igreja.[2]

2. Como o evangelho chegou a Colossos

Tudo indica que o apóstolo Paulo interessou-se em pregar a Palavra de Deus aos colossenses a partir de Éfeso, durante seu ministério nessa cidade, período em que se dedicou a evangelizar a Ásia, por aproximadamente três anos (cf. At 19.10; 20.31). O portador da mensagem, o pregador das Boas Novas, foi Epafras, natural da cidade (4.12). Mas o portador da carta deve ter sido Tíquico, também companheiro de ministério do apóstolo (4.7,8), tendo em vista a detenção do próprio Epafras (Fm 23).

IV – As Heresias Colossenses

Os desvios doutrinários sempre foram, são e serão uma ameaça à sã doutrina, fundamentada na Palavra de Deus. Heresia é uma palavra grega, *hairesis*, que tem o significado de "escolha, seleção, preferência. Daí surgiu a palavra seita, por efeito da semântica. Do ponto de vista cristão, heresia é o ato de um indivíduo ou de um grupo afastar-se do ensino da Palavra de Deus, e adotar e divulgar suas próprias idéias, ou as idéias de outrem, em matéria de religião. Em resumo, é o abandono da verdade".[3] Tais desvios se apresentam de forma muitas vezes sutil. São heresias engendradas por Satanás, para prejudicar a marcha da Igreja de Jesus. O apóstolo Pedro teve que advertir a Igreja sobre tais falsos ensinos (2 Pe 2.1). Em Colossos, prevalecia o seguinte quadro de heresias:

1. Gnosticismo

A Carta aos Colossenses não se refere explicitamente às heresias que cercavam a igreja. Mas, por inferência consistente, percebem os estudiosos da Bíblia que o gnosticismo predominava naquela parte da antiga Europa. Trata-se de uma filosofia herética, que se propõe a explicar todas as coisas por meio da *gnosis* (gr. "conhecimento"). "São dogmas do gnosticismo: a emanação, a queda, a redenção e a mediação, exercida por inúmeras potências celestes, entre a divindade e os homens. Relaciona-se o gnosticismo com a cabala, o neoplatonismo e as religiões orientais" (Dicionário Aurélio). Para que se tenha uma idéia do que essa heresia significava, pode-se observar que ela perturbou a Igreja de Cristo durante 150 anos; contra ela foram escritos oito livros do Novo Testamento: Colossenses, 1 Timóteo, 2 Timóteo e Tito (Cartas Pastorais); 1, 2 e 3 João e Judas.[4]

Os gnósticos consideravam-se cristãos, dotados de conhecimento superior aos demais convertidos. "O movimento surgiu a partir de filosofias pagãs, anteriores ao cristianismo, que floresciam na Babilônia, Egito, Síria e Grécia (Macedônia). Ao combinar elementos da filosofia pagã, alguns elementos da astrologia e mistério das religiões gregas com as doutrinas apostólicas do cristianismo, o *gnosticismo* tornou-se uma forte influência na igreja."[5]

Hoje, as versões modernas dessa heresia são difundidas através da teosofia, da logosofia e de movimentos assemelhados. A teosofia, por exemplo, cujo nome deriva de duas palavras gregas, *Theos* (Deus) e *sofia* (sabedoria), ou sabedoria de Deus, ensina que o conhecimento é o meio para a salvação, e não a Palavra de Deus ou Jesus Cristo. Helena Petrovna Blavatsky, de origem russa, foi a sua fundadora, em 1875. É uma mistura de religião, filosofia e pretensa ciência. Como se pode perceber, o saber, ou o conhecimento, é usado como argumento doutrinário equivocado e herético. O gnosticismo colossense pode ser resumido da seguinte forma:

a) Culto aos anjos

Segundo o *Comentário Bíblico Pentecostal*, o "grupo herege" de Colossos enfatizava "a adoração de anjos, chamados 'tronos', 'dominações', 'principados' e 'potestades'".[6] Os gnósticos deram grande ênfase a pretensos seres angelicais, a que chamavam de *aeons*, os quais seriam "emanações de Deus"; eles adoravam os anjos, e os consideravam mediadores e salvadores. Para eles, Cristo não passava de mais um *aeon*, ou uma das tais emanações. O apóstolo Paulo combateu esses ensinos em sua carta, como se vê nas seguintes passagens: 1.13, 15-17; 2.9,10,15,18,19, que serão estudadas mais adiante. Em nossos dias, nesse início do século XXI, vê-se que o culto aos anjos está em moda. E parece que, em algumas igrejas evangélicas, está havendo uma supervalorização do papel dos anjos.

b) Negavam a supremacia de Cristo

Para eles, Cristo não era o Verbo encarnado. Para os gnósticos, a carne é matéria, e a matéria é má. Logo, não faria sentido um *aeon*, ou espírito, como Cristo, contaminar-se com a matéria, tornando-se carne. Negavam a encarnação de Cristo como o mediador entre Deus e os homens. "O gnosticismo considerava que sendo o mundo totalmente mau, o Cristo não poderia ter tido uma encarnação real, e os gnósticos explicavam seu aparecimento como sendo de natureza docética."[7] Lançavam, assim, as sementes no solo para o surgimento do Anticristo (cf. I Jo 4.3; 2 Jo 7). Negavam o papel salvífico de Cristo, como o único redentor. Para eles, havia muitos salvadores. Era o Diabo contrariando o que diz a Bíblia em João 3.16; 14.6 e I Timóteo 2.5. Paulo defendeu a fé cristã através dos textos da carta em 1.13-23 e 2.6,9,10 — que serão analisados nos capítulos seguintes.

c) Ascetismo

Doutrina que valoriza a vida moral e espiritual (*ascese*), em detrimento das coisas materiais. Para os gnósticos, toda a matéria deve ser destruída, inclusive o corpo humano. Assim, havia duas maneiras de contribuir para essa destruição da matéria. Uma seria através da *ascese*, evitando os prazeres humanos, pela abstinência de alimentos (eram vegetarianos) e pela abstinência sexual (defendiam o celibato). Outra de suas alegações era que a destruição da matéria poderia ser feita mediante o oposto, ou seja, da *licenciosidade*. Quanto mais o homem abusar do corpo, através de orgias sexuais, de bebedeira, de vícios, melhor para a destruição da carne, e isso não teria qualquer prejuízo espiritual! Ao que tudo indica, os gnósticos de Colossos escolheram a via da ascese, ou da abstinência dos alimentos e de sexo, para se "santificarem". Percebe-se que, hoje, há muitas pessoas que adotam esse tipo de comportamento, mesmo em igrejas evangélicas. Mas a Palavra de Deus nos diz claramente que o corpo é o "templo do Espírito Santo" (cf. 1 Co 6.19,20). Paulo usou os textos de Colossenses 2.14,16,17,20-23 para combater esse tipo de atitude.

2. Esoterismo

O Diabo sempre procura levar as pessoas a se voltarem para as coisas criadas, em detrimento do Criador (Rm 1.25). Em Colossos, os crentes foram perturbados pelos ensinos com base em termos que envolviam "conceitos astrais, teológicos e demonológicos que, por sua vez, são derivados da astrologia persa-caldéia, dos mistérios orientais-helenistas, e da especulação gnóstica".[8] Em Colossos, havia o culto à deusa Cibele "a grande mãe da fertilidade".[9] Para que os leitores possam entender melhor esse aspecto místico, é necessária a referência à palavra grega *stoicheia*, que tem o significado de "elementos animados da natureza", ou "os rudimentos do mundo", a que se refere o apóstolo Paulo (Cl 2.8). Para os gnósticos, a matéria não é inanimada; ela tem vida. Os astros seriam entidades vivas, com espíritos celestiais. É o que se vê, hoje, no movimento da Nova Era, que considera a Terra como uma deusa, um ser vivo, e professam um verdadeiro culto à deusa Gaia (de geo — terra). É em virtude dessa visão mística que a astrologia propaga os horóscopos, ensinando que os astros governam o destino das pessoas desde o seu nascimento. Paulo mostrou, na epístola, que Cristo governa o homem, todas as coisas, inclusive os astros; e que os cristãos não são guiados por astros, nem por "princípios básicos do mundo" (cf. Cl 2.8,20).

Vê-se, nesse capítulo introdutório, que os cristãos de Colossos estavam sob grave ameaça à sua fé. Enquanto Epafras, colaborador de Paulo, levou aos colossenses a mensagem genuína da salvação em Cristo Jesus, como único mediador entre Deus e os homens, o Diabo utilizou os gnósticos para lançar outra doutrina, de caráter herético, procurando mostrar que Jesus é igual aos outros seres angelicais (*aeons*). Era o espírito do Anticristo já lançando as bases do engano que será usado no final dos tempos para enganar o mundo, e até os escolhidos. Mas o apóstolo fez uso da apologética cristã de modo sábio e decisivo, livrando a Igreja de mais esse ataque do maligno. Hoje, a ameaça das heresias continua. E o meio para vencê-las é o mesmo: a ortodoxia da Palavra de Deus.

1 PÁTZIA, Arthur G. *Novo Comentário Bíblico Contemporâneo – Efésios, Colossenses, Filemom*, p.12

2 ARRINGTON, French & STRONSTAD, Roger. *Comentário Bíblico Pentecostal – Novo Testamento*, p. 1321.

3 OLIVEIRA, F. Raimundo. *Seitas e Heresias*, p. 7.

4 CHAMPLIN, Russel Normam. *O Novo Testamento Interpretado – Versículo por Versículo, Vol. 5*, p. 75.

5 MATHER, George A. & NICHOLS, Larry A. *Dicionário de Religiões, Crenças e Ocultismo*, p.175.

6 ARRINGTON, French; STRONSTAD, Roger. *Comentário Bíblico Pentecostal – Novo Testamento*, p. 1341.

7 DAMIÃO, Valdemir. *História das Religiões*, p. 42.

8 Citado por MARTIN, Ralph. *Colossenses e Filemom*, p. 21.

9 PÁTZIA, Arthur G. *Novo Comentário Bíblico Contemporâneo – Efésios, Colossenses, Filemom*, p. 13.

Capítulo 2

O Perfil dos Cristãos Colossenses

Colossenses 1.9-12

"Aos santos e irmãos fiéis em Cristo que estão em Colossos: graça a vós e paz, da parte de Deus, nosso Pai, e da do Senhor Jesus Cristo" (Cl 1.2).

Na saudação do apóstolo Paulo aos crentes de Colossos, vemos que o perfil deles era bastante significativo em termos de maturidade cristã. Certamente, neste estudo, poderemos nos apropriar de qualidades e características que nos serão muito úteis para a vida cristã nos dias presentes, que não são menos perigosos que os vivenciados por aqueles irmãos da Igreja Primitiva. A igreja local precisa de oração, conhecimento de Deus e incentivo para vencer os ataques das heresias.

Os colossenses formavam uma igreja local com características cristãs bem definidas. Em sua saudação, Paulo destaca três aspectos do caráter daqueles irmãos. Eles eram "santos", "irmãos" e "fiéis em Cristo (1.2). Não poderiam ser diferentes. Não faz sentido haver uma igreja local, que se diz cristã, que não tenha essa característica. Diz o apóstolo Pedro: "como filhos obedientes, não vos conformando com as concupiscências que antes havia em vossa ignorância; mas, como é santo aquele que vos chamou, sede vós também santos em toda a vossa maneira de viver, porquanto escrito está: Sede santos, porque eu sou santo" (1 Pe 1.14-16).

Paulo chama os colossenses de "irmãos". Se nos basearmos na experiência de muitas famílias, talvez essa característica seja discutível, pois é sabido que, em muitos lares, há muita desavença e falta de bom relacionamento entre os irmãos carnais. Contudo, no meio da família de Deus, ser irmão não é apenas uma qualidade comum. É indispensável. Temos por Pai o próprio Deus; temos por irmão, com o qual somos co-herdeiros da graça, o próprio Filho de Deus, Jesus Cristo, nosso Senhor e Salvador. Temos o mesmo Espírito, que a todos guia e une. Se, na maioria dos casos, a família tradicional, nuclear, não tem exemplo de fraternidade, na família de Deus, ser irmão deve ser algo comum e necessário, para exemplo diante do mundo. Os colossenses demonstravam que eram irmãos em Cristo Jesus. E Paulo o sabia muito bem.

Outra característica importantíssima: eles eram "fiéis em Cristo. A fidelidade é o que faz a diferença entre o cristão verdadeiro e o falso. Entre o que tem comunhão com Cristo e o que não tem. Judas era apóstolo, mas não era fiel. E seu fim foi trágico.

I – A Saudação de Paulo

Paulo estava na prisão, em Roma, quando escreveu a Carta aos Colossenses. Em sua saudação, e em qualquer outra parte da epístola, não vemos qualquer indício de ressentimento ou autopiedade. Ao contrário, vemos o pastor dirigindo-se às ovelhas, com otimismo e fé. Alguns pontos são destacados por serem de grande importância neste estudo.

1. "Paulo, apóstolo de Jesus Cristo" (1.1a)

Ele começa sua carta utilizando-se da fórmula comum do "padrão greco-romano como norma: 'De (nome do remetente) para (nome do destinatário), saudações'".[1] Pela sua autoridade ministerial, poderia ter simplesmente se limitado a seu nome, como remetente. Mas faz alusão ao jovem obreiro Timóteo, como sendo co-autor da missiva. Além desse exemplo de humildade, vemos o apóstolo ressaltar a sua condição de "apóstolo de Jesus Cristo". Ele estava se dirigindo a uma igreja ameaçada pela heresia gnóstica, que considerava Cristo apenas mais um dentre muitos seres angelicais (*aeons*). Assim, ele fez questão de afirmar que não era mais um entre muitos mensageiros de doutrinas quaisquer, mas era apóstolo (enviado) da parte de Jesus Cristo, e acrescenta: "pela vontade de Deus". Não há indicação bíblica de que sua autoridade apostólica fosse contestada, mas decerto se fez necessário ressaltá-la, em face da ameaça herética. Hoje, há muitos que se intitulam "apóstolos" modernos, mas sem as características de serem enviados por Jesus. Há muitos que se enviam a si mesmos, por vontade dos homens, sem a autoridade apostólica concedida pelo Senhor Jesus.

2. Como Paulo via os irmãos de Colossos

"aos santos e irmãos fiéis em Cristo que estão em Colossos: graça a vós e paz, da parte de Deus, nosso Pai, e da do Senhor Jesus Cristo" (1.2).

Duas qualidades são ressaltadas no início da saudação paulina aos irmãos colossenses. Nelas, destacamos três aspectos:

a) "Aos santos" (gr. Hagioi)

O apóstolo coloca essa qualidade como primordial em sua saudação. Ele via os destinatários de sua epístola como pessoas santas. E não poderia ser diferente. Não faz sentido haver uma igreja local que não seja formada de santos e santas. Se não fossem santos, certamente teriam sucumbido ao vendaval das heresias que assolavam a cidade de Colossos. Mas, santificados em Cristo, jamais seriam arrastados ao fosso dos falsos ensinos. A eles, o apóstolo se dirige com confiança. Ou o cristão é santo, ou não salvo. Se é salvo, tem de ser santo. Diz o apóstolo Pedro: " mas, como é santo aquele que vos chamou, sede vós também santos em toda a vossa maneira de viver, porquanto escrito está: Sede santos, porque eu sou santo" (I Pe 1.15,16).

Nos dias presentes, há um enorme desprezo à santidade. Em muitas igrejas locais, essa qualidade não é enfatizada. Parece que há um versículo acrescentado às suas "bíblias": "vinde como estais, e ficai como quiserdes". Mas, ao aceitar a Cristo, o fiel é chamado para ser santo (cf. Rm 1.7;1 Ts 4.7; 1 Co 1.2); "as coisas velhas já passaram", e tudo se faz novo (2 Co

5.17). Evangelho sem transformação não é o evangelho de Cristo; é "outro evangelho".

b) "E irmãos" (gr. Adelphois)

Além de vê-los como santos, o apóstolo os via como "irmãos" e "irmãs", na unidade da fé em Cristo Jesus. Sabemos que, numa casa, nem sempre os irmãos conseguem viver unidos. Numa carta para Deus, uma criança escreveu: "Querido Deus, eu aposto que é muito difícil para Você amar todas as pessoas no mundo. Na nossa família tem só quatro pessoas e eu nunca consigo..." Mas, na família de Deus, as pessoas têm de ser realmente irmãos e irmãs, e, entre elas, a vivência deve ser baseada na união espiritual. Diz o salmista: "Oh! Quão bom e quão suave é que os irmãos vivam em união!" (Sl 133.1)

c) "Fiéis em Cristo"

No grego, a palavra fiéis é *pistois*, que indica o caráter dos crentes de Colossos. Sendo santos, e irmãos em Cristo, eles eram ao mesmo tempo fiéis. Os três aspectos compõem o perfil espiritual e moral dos cristãos colossenses: *santidade*, *fraternidade* e *fidelidade*. Sem essas características, a rigor, não há cristianismo; não há igreja cristã; não há povo de Deus. É interessante notar que Paulo não conhecia pessoalmente os destinatários da carta. Mas, por meio de Epafras, tinha idéia segura do seu caráter, de suas qualidades como pessoas e como comunidade. Hoje, é por demais necessário que seja avaliado o caráter das comunidades evangélicas, para que se perceba se a formação dos crentes lhes dá essa tríade de qualidades indispensáveis que os cristãos colossenses possuíam.

II – Ação de Graças pelos Colossenses

"Graças damos a Deus, Pai de nosso Senhor Jesus Cristo" (1.3a).

Depois da saudação aos colossenses, cheia de estímulo à sua fé, o pastor Paulo lhes expressa a gratidão a Deus pelo seu testemunho. Feliz é o pastor que pode orar assim pelo rebanho que o Senhor lhe confia.

1. "Orando sempre por vós" (1.3b)

O apóstolo cientificou os irmãos que orava sempre por eles, dando graças "a Deus, Pai de nosso Senhor Jesus Cristo". Um dos segredos do sucesso de um obreiro é sua vida de oração. Diz um conhecido provérbio: "Muita oração, muito poder; pouca oração, pouco poder; nenhuma oração, nenhum poder". Há obreiros que pregam muito, falam muito, mas oram pouco pela igreja. Pior: pouco oram com a igreja local. O resultado já é conhecido: igrejas frias, sem graça, sem unção, sem poder. Para compensar, há aqueles que pagam altos cachês a "artistas famosos" e "vendilhões de louvor", que se dizem evangélicos, para "encher a casa". Mas Paulo orava sempre pelos irmãos.

2. A fé, a esperança e a caridade dos Colossenses

"porquanto ouvimos da vossa fé em Cristo Jesus e da caridade que tendes para com todos os santos; por causa da esperança que vos está reservada nos céus, da qual já, antes, ouvistes pela palavra da verdade do evangelho" (1.4,5).

Na carta, o apóstolo diz ter ouvido acerca "da fé em Cristo Jesus" e da caridade que eles tinham "para com todos os santos", bem como da "esperança" reservada para eles nos céus. Esse tríplice conjunto de virtudes cristãs eram patrimônio espiritual daqueles crentes. Aliás, parece que eram comuns aos cristãos nos primórdios da Igreja (cf. Rm 5.1-5; I Co 13.13; Gl 5.5,6ss). Se não as tivesse, certamente os ataques heréticos os esfacelariam. Uma igreja que tem "fé em Cristo Jesus" não se abala com os modismos heréticos; numa igreja que tem esperança, os crentes não se desesperam ante as adversidades que os cercam; uma igreja em que os crentes têm caridade (amor na prática) "para com todos os santos", jamais será derrotada pelas forças do mal. Hoje, mais do que nunca, essa tríade de virtudes espirituais torna-se indispensável à comunidade cristã. As heresias do tempo presente são tão perigosas (ou mais) do que a ameaça do gnosticismo. Há heresias travestidas de pentecostalismo, de espiritualidade, de santidade, que só podem ser discernidas pelo Espírito Santo na vida dos crentes, principalmente dos líderes. Essa plêiade de virtudes chegou aos colossenses e se espalhou por "todo o mundo", "desde o dia em que" ouviram e conheceram "a graça de Deus em verdade" (1.6), por meio de Epafras, "fiel ministro de Cristo" (1.7).

III – A Oração Intercessória de Paulo

> *"Por esta razão, nós também, desde o dia em que o ouvimos, não cessamos de orar por vós e de pedir que sejais cheios do conhecimento da sua vontade, em toda a sabedoria e inteligência espiritual" (1.9).*

O apóstolo, além de agradecer a Deus, orou ao Senhor, intercedendo pelos colossenses, e orou pelo seu crescimento espiritual, por meio de várias petições.

1. Pelo conhecimento da vontade de Deus

Se os colossenses estavam sendo atacados pelas heresias, que são distorções da verdade, eles precisavam do conhecimento da vontade de Deus, o que é indispensável para qualquer igreja, em todos os tempos. A falta de conhecimento equivale à ignorância. Esta tem levado muitos a se perderem sob o impacto da atração das heresias. Nos tempos atuais, há muitos movimentos que se apresentam como cristãos, e, por falta de doutrina, de ensino da Palavra de Deus, muitos têm se dispersado, naufragando em meio à confusão religiosa. No mundo há cerca de 20.000 religiões e seitas. Sem o conhecimento (gr. *epignosis*) de Deus e da sua vontade, é impossível discernir entre a verdade e o erro.

2. "Em toda a sabedoria"

Não é o saber teológico (que é muito útil), e muito menos filosófico, que traz o conhecimento de Deus, mas a sabedoria (gr. *sophia*) que vem do Espírito de Deus. A sabedoria divina mostra ao cristão como deve ser o seu comportamento como servo de Deus e como deve guardar e praticar os mandamentos de Deus, que é a verdadeira sabedoria (cf. Dt 4.6). "Mas disse ao homem: Eis que o temor do Senhor é a sabedoria, e apartar-se do mal é a inteligência" (Jó 28.28). Esta é a sabedoria que Deus dá aos seus servos "santos e irmãos fiéis": temer a Deus e apartar-se do mal (Sl 111.10).

Para Deus, não é o graduado, portador de mestrado, ou de doutorado, que é sábio — por outro lado, também não o analfabeto —, mas o que teme e o obedece, conforme a sua Palavra; pois Ele dá sabedoria "aos simples" (Sl 119.130, ARA). É considerado louco quem despreza a sabedoria de Deus (Pv 1.7); "Porque o Senhor dá a sabedoria, e da sua boca vem o conhecimento e o entendimento" (Pv 2.6); "Bem-aventurado o homem que acha sabedoria, e o homem que adquire conhecimento" (Pv 3.13). Sem dúvida alguma, essa era a sabedoria que o apóstolo Paulo desejava aos irmãos de Colossos, que também é indispensável para todos os cristãos, em todo o mundo.

3. "E inteligência espiritual"

Segundo o apóstolo, esse conhecimento da vontade de Deus deveria se concretizar "em toda a sabedoria e inteligência espiritual". Essa inteligência (gr. *synesis*) é mais elevada e mais profunda que a "inteligência emocional", bastante difundida hoje em dia. A "inteligência espiritual" provê um discernimento do que fazer em cada situação; ela é trabalhada e construída pelo Espírito Santo, e capacita o crente a se conduzir de acordo com a vontade de Deus, dando-lhe o entendimento para fazer aquilo que agradar a Deus, como nos diz o apóstolo Paulo: "porque Deus é o que opera em vós tanto o querer como o efetuar, segundo a sua boa vontade" (Fp 2.13).

IV – Resultados do Conhecimento de Deus

> *"para que possais andar dignamente diante do Senhor, agradando-lhe em tudo, frutificando em toda boa obra e crescendo no conhecimento de Deus" (1.10).*

Como resultado desse conhecimento e dessa inteligência, os crentes demonstrarão o seguinte comportamento:

1. Andarão dignamente

Aqueles irmãos, santos e fiéis, deveriam andar dignamente, diante de Deus e dos homens. A Igreja em Colossos estava assediada pelos falsos ensinadores, de forma que se os crentes não andassem com dignidade, seriam alvo de críticas e escárnios por parte dos hereges, que sempre buscam ver na vida dos homens e mulheres de Deus alguma coisa para os acusar. Infelizmente, muitos, hoje, têm dado motivo para escândalo do evangelho. Porém Jesus disse: "Porque é mister que venham escândalos, mas ai daquele homem por quem o escândalo vem!" (Mt 18.7)

2. "Agradando em tudo"

Diante de um mundo sedutor, que sempre procura atrair os cristãos para as práticas pecaminosas, de modo sutil e sorrateiro, há muitos que desprezam os princípios bíblicos e procuram agradar o mundo. Mas a Palavra de Deus nos adverte: "Não ameis o mundo, nem o que no mundo há. Se alguém ama o mundo, o amor do Pai não está nele" (1 Jo 2.15). O salmista traduzia esse entendimento, dizendo: "Bem-aventurado o homem que teme ao Senhor, que em seus mandamentos tem grande prazer" (Sl 112.1).

3. "Frutificando em toda boa obra"

Paulo orava para que os irmãos colossenses dessem fruto em tudo, em todas as áreas da vida. Não adianta dar "fruto" somente no templo, em suas "quatro paredes"; é fácil ser crente no ambiente interno da igreja local, mas é necessário que o cristão mostre o fruto de sua fé "em toda boa obra". Jesus nos chamou para dar frutos: "Não me escolhestes vós a mim, mas eu vos escolhi a vós, e vos nomeei, para que vades e deis fruto, e o vosso fruto permaneça, a fim de que tudo quanto em meu nome pedirdes ao Pai ele vos conceda" (Jo 15.16).

A fé deve corresponder às obras, e estas, à fé. Tiago definiu muito bem essa questão, ao ensinar: "Meus irmãos, que aproveita se alguém disser que tem fé e não tiver as obras? Porventura, a fé pode salvá-lo?" (Tg 2.14) Já se sabe que o cristão não deve praticar boas obras para ser salvo, mas deve praticá-las porque é salvo; a salvação não é por obras (Ef 2.8), "Porque somos feitura sua, criados em Cristo Jesus para as boas obras, as quais Deus preparou para que andássemos nelas" (Ef 2.10). Se o crente não frutificar, acaba murchando, secando espiritualmente, e pode até morrer.

4. "Crescendo no conhecimento de Deus" (1.10)

Aqueles crentes, que estavam ameaçados pelas heresias, precisavam crescer espiritualmente. Mas não deveriam dar lugar a um tipo qualquer de crescimento. Paulo orava para que eles crescessem "no conhecimento de Deus". O conhecimento (gr. *gnosis*) dos hereges fundamentava-se em seu pensamento filosófico, elaborado e sofisticado, nas discussões e elucubrações dos homens, em suas doutrinas (gr. *didaskalia*), de inspiração diabólica. Mas o conhecimento (*sophia*) de Deus, desejável para a Igreja, é fundamentado na doutrina (gr. *didakê*) do evangelho de Cristo, tão bem explicitada pelos santos apóstolos do Senhor. Diz o apóstolo Pedro: "Vós, portanto, amados, sabendo isto de antemão, guardai-vos de que, pelo engano dos homens abomináveis, sejais juntamente arrebatados e descaiais da vossa firmeza; antes, crescei na graça e conhecimento de nosso Senhor e Salvador Jesus Cristo. A ele seja dada a glória, assim agora como no dia da eternidade. Amém!" (2 Pe 3.17,18) Pedro também teve de exortar os crentes a terem cuidado com o "engano dos homens abomináveis". A solução é crescer "na graça" e no "conhecimento" do "Senhor e Salvador Jesus Cristo".

5. "Corroborados com toda a fortaleza"

> *"corroborados em toda a fortaleza, segundo a força da sua glória" (1.11a).*

Este incentivo não poderia faltar na carta de Paulo. Os irmãos de Colossos estavam travando um verdadeiro combate espiritual contra as hostes satânicas que atuavam através de obreiros hereges. O termo usado para expressar a força de que necessitavam para a guerra espiritual foi "corroborados" (gr. *dynamoumenoi*), que dá uma idéia de reforço para os recursos de que eles já dispunham. Mas não seria um reforço simples, e sim "com toda a fortaleza" espiritual. A fonte dessa energia e desse poder é Deus. "Uma coisa disse Deus, duas vezes a ouvi: que o poder pertence a Deus" (Sl 62.11). O apóstolo Pedro teve esse discernimento ao asseverar: "Se alguém falar, fale segundo as palavras de Deus; se alguém administrar, administre segundo o poder que Deus dá, para que em tudo Deus seja glorificado por Jesus Cristo, a quem pertence a glória e o poder para todo o sempre. Amém!" (I Pe 4.11) Aos efésios,

Paulo exortou: "No demais, irmãos meus, fortalecei-vos no Senhor e na força do seu poder" (Ef 6.10).

O apóstolo sabia bem que Deus não deixou sua Igreja inerme diante dos inimigos que a rodeiam numa guerra sem tréguas. Pelo contrário, o povo de Deus é um povo armado, exercitado, treinado e preparado para a batalha contra as hostes do Inimigo. Só que suas armas são diferentes das armas humanas. Diz a Palavra de Deus: "Porque as armas da nossa milícia não são carnais, mas, sim, poderosas em Deus, para destruição das fortalezas" (2 Co 10.4). Os colossenses precisavam de um reforço no arsenal de guerra de que dispunham para lutar contra as heresias. Hoje, talvez mais do que eles, os cristãos necessitam desse reforço espiritual, pois as ações das forças malignas estão mais abrangentes e, ao mesmo tempo, mais sutis. Se antes a guerra era convencional, em que os combatentes se defrontavam "olho no olho" e se digladiavam até a derrota sangrenta do adversário, a guerra moderna é de guerrilha, em que o inimigo não mostra a cara; age no escuro, às sombras, disfarçado de cristãos espirituais e santificados.

6. "Em toda a paciência e longanimidade, com gozo" (1.11b)

Numa guerra entre exércitos humanos, a ordem de batalha, na maioria das vezes, exige pressa para que o inimigo não ganhe terreno. Mas na guerra espiritual que os colossenses enfrentavam, além do reforço nas armas espirituais, precisavam saber agir com toda a paciência e longanimidade. Esta palavra no grego é *makrothymia*, "freqüentemente traduzida por 'paciência' ou 'longanimidade'. É a qualidade pela qual a pessoa se auto-restringe, ao suportar a oposição sem retaliar".[2] Segundo Ralph Martin, longanimidade "é a virtude necessária, quando pessoas difíceis de serem suportadas atentam contra nosso controle próprio".[3] Aí, vê-se que, na guerra espiritual contra as heresias, a Igreja não deve agir de modo agressivo ou precipitado; é preciso sobretudo ter paciência e agir com sabedoria.

Em alguns lugares no mundo, essa virtude deve ser mais bem exercitada do que em outros. Há países em que as falsas religiões não podem ser chamadas de seitas, e muito menos de heresias, sob pena de se responder a um processo judicial. Então, é preciso muita sabedoria, oração e jejum, que são armas secretas, contra as quais o Inimigo não tem recursos. Além disso, como se vê no versículo 12, a paciência e a longanimidade devem ser acompanhadas de "gozo"! Só na Bíblia é que podemos encontrar algo assim. Um exército ter que combater o inimigo com paciência e alegria! Mas faz sentido, como nos diz Neemias: "... portanto, não vos entristeçais, porque a alegria do Senhor é a vossa força" (Ne 8.10). Isso tem base em experiências antigas, envolvendo o povo de Deus. Diante da iminente guerra contra três exércitos, Deus mandou que Josafá usasse uma estratégia nada convencional; na frente da batalha, deveriam ser postos os cantores, e não os armados: "E aconselhou-se com o povo e ordenou cantores para o Senhor, que louvassem a majestade santa, saindo diante dos armados e dizendo: Louvai o Senhor, porque a sua benignidade dura para sempre. E, ao tempo em que começaram com júbilo e louvor, o Senhor pôs emboscadas contra os filhos de Amom e de Moabe e os das montanhas de Seir, que vieram contra Judá e foram desbaratados" (2 Cr 20.21,22). A Bíblia não diz que Deus habita no meio das armas, e sim "entre os louvores de Israel" (Sl 22.3).

7. "Dando graças ao Pai" (1.12)

Na oração de Paulo, ele não se esqueceu de lembrar aos colossenses que deveriam ser gratos a Deus. Sua oração, nesse ponto, equivale a um "hino de ação de graças". E o motivo é por demais justificável. Deus "nos fez idôneos para participar da herança dos santos na luz. Ele nos tirou da potestade das trevas e nos transportou para o Reino do Filho do seu amor, em quem temos a redenção pelo seu sangue, a saber, a remissão dos pecados" (Cl 1.12-14). Há motivos de sobra para os cristãos se sentirem alegres e felizes na presença de Deus. Os colossenses corriam o perigo de se desviarem da verdade do evangelho, diante dos argumentos falsos e falaciosos da heresia gnóstica. Paulo sabia que quando os crentes estão tristes, abatidos e desanimados, tornam-se presas fáceis dos mensageiros do Inimigo. Mas quando estão alegres, eles têm força, têm poder para enfrentar os combates espirituais. De fato, nunca se vê um crente alegre, hoje mesmo, se desviar com facilidade. Normalmente, o Diabo lança setas de tristeza, de insatisfação na igreja local, seja com relação à doutrina, aos costumes, à liderança, ao relacionamento na igreja, e, obtendo êxito, faz o crente desviar-se. Mesmo na luta, o cristão precisa ser otimista e cheio de fé. "Regozijai-vos sempre... Em tudo dai graças, porque esta é a vontade de Deus em Cristo Jesus para convosco" (1 Ts 5.16,18).

Diante da ameaça herética, os colossenses precisavam de uma liderança firme, que os animasse a combater o Inimigo com fé e otimismo, confiando em Cristo Jesus. E Paulo, ainda que a distância, sem nunca os ter visitado, assumiu esse papel de um líder confiável. Certamente, Epafras, o fundador da igreja, era um homem de Deus, mas a ele faltavam condições para ministrar um ensino mais seguro à igreja ameaçada. Paulo, o doutrinador, o teólogo e ministro do evangelho, supriu a necessidade dos colossenses, orando por eles e lhes enviando mensagens de reforço espiritual. Hoje, só o ensino fundamentado na ortodoxia bíblica é que pode afastar das igrejas o vírus das heresias.

---

1 ARRINGTON, French L. & STRONSTAD, Roger. *Comentário Bíblico Pentecostal*, p. 1320.

2 PÁTZIA, Arthur G. *Efésios, Colossenses, Filemom*, p. 31.

3 MARTIN, Ralph P. *Colossenses e Filemom*, p. 63.

Capítulo 3

Um Hino de Exaltação a Cristo

Colossenses 1.13-23

"E ele é a cabeça do corpo da igreja; é o princípio e o primogênito dentre os mortos, para que em tudo tenha a preeminência" (Cl 1.18).

Conhecer a Cristo, através das Escrituras, é indispensável para a firmeza na fé, no amor e na esperança que nos está reservada nos céus. Nos versículos comentados neste capítulo, podemos constatar como é importante ter uma visão correta acerca da pessoa do Senhor e Salvador Jesus Cristo, ante as inúmeras e constantes ameaças heréticas que sempre procuraram solapar as bases da ortodoxia cristã. Antes de Cristo, durante o seu ministério terreno, e muito mais depois de sua ascensão, os ensinos heréticos são como uma epidemia, que procura atingir a saúde espiritual do corpo de Cristo — a Igreja.

Os colossenses estavam sendo visados e assediados pelos falsos mestres. Urgia uma resposta à altura da ameaça que pairava sobre sua fé. E Paulo valeu-se de um recurso literário, quase poético, para despertar a reação dos seus destinatários. Em sua carta, vemos a doutrina sadia de Cristo expressa em forma de cântico, nos versículos em estudo. Os comentaristas da Carta de Paulo aos Colossenses são unânimes em caracterizar o texto em análise como sendo um hino de exaltação ou de glorificação a Cristo. Neste capítulo, nos deteremos nas diversas partes em que se subdividem o hino, para delas extrairmos lições para os dias atuais. Na verdade, o que vamos estudar pode ser considerado um "hino doutrinário".

No texto em apreço, a obra de Cristo é destacada, tanto em termos "cósmicos", por ser Ele o criador e sustentador do "cosmos", como em termos salvíficos, quando a obra da redenção é enfatizada de modo claro e contundente, ante as heresias dos gnósticos que pregavam outros meios de salvação. É também dada ênfase ao aspecto transformador do evangelho de Cristo, de tal forma que os seus seguidores têm que apresentar mudanças radicais em sua vida espiritual, moral e social, na condição de seres constituídos da trilogia "espírito, alma e corpo" (I Ts 5.23).

Ao contrário dos gnósticos, que ensinavam o dualismo na constituição do homem — alma e corpo —, Paulo sempre enfatizou a trilogia do homem interior. Enquanto os hereges de Colossos pregavam que só a alma é boa, por ser espiritual, e o corpo é mau, por ser matéria, Paulo demonstrava que todo o ser tem valor diante de Deus, e precisa de salvação.

I – Estrutura do Hino

No texto entre os versículos 15 e 16, vemos que Jesus Cristo é apresentado como o Senhor do universo, o Criador Supremo e Absoluto. Neste comentário, tomamos a estrutura de um hino ou poesia, com estrofes e versos.

Estrofe I

Verso 1 **(1.15a). Ele é a "a imagem do Deus invisível".**

A palavra "imagem", no texto, não quer dizer que Cristo seja uma cópia do Pai, ou uma figura dEle. A palavra grega para "imagem" é *eikon,* que significa a identificação de Cristo com Deus, o Pai, em sua perfeição, infinitude, imensidade, glória e poder. Ele mostra a glória de Deus (cf. 2 Co 4.4). Como consta do Credo Niceno, Jesus Cristo é o "Filho Unigênito de Deus; gerado pelo seu Pai (*procedente do Pai*) antes da fundação do mundo, Deus de Deus, Luz de Luz, Verdadeiro Deus de Verdadeiro Deus; gerado, não feito; consubstancial com o Pai".[1]

No sentido em que Cristo é apresentado nesse verso da estrofe, já se observa a resposta do apóstolo aos gnósticos. Ao contrário do que eles ensinavam, Jesus não é apenas uma pessoa criada por Deus, mas Ele é Deus, sendo distinção eterna na substância de Deus. No Novo Testamento, encontramos diversas referências que demonstram essa condição divina de Jesus (Jo 1.1,14; Jo 20.28; 1 Tm 2.5). Ele não é mais um *aeon* (vide o Capítulo 1), mas é Deus, com todos os atributos divinos. Ele declarou sua unidade com o Pai: "Eu e o Pai somos um" (Jo 10.30); "Quem me vê a mim vê o Pai" (Jo 14.9).

Verso 2 (1.15b). "O primogênito de toda a criação".

Essa expressão "primogênito" (gr. *prototokos*) levou os hereges, adeptos de Ário, no século IV d.C., a entender e pregar que Jesus não poderia ser divino, visto que houvera sido gerado pelo Pai. A heresia ariana ensinava que Jesus era um ser criado, não tendo a mesma natureza de Deus. Foi criado (gr. *genetos*) por Deus; também nasceu (gr. *gennetos*), e foi adotado por Deus, sendo elevado a uma posição acima dos outros seres celestiais. Essa doutrina também era aceita pelos gnósticos, que ameaçavam a Igreja em Colossos.

O Credo Niceno, elaborado pelo bispo Atanásio, diz: "Um só Deus na Trindade, e a Trindade na Unidade"; "O Pai é Deus, o Filho é Deus, e o Espírito Santo é Deus. E, porém, não são três deuses, mas um só Deus". Estava definida a distinção entre o Pai e o Filho, mas considerando a identidade entre eles. No hino a Cristo, a expressão "primogênito" não se refere "à criação de modo temporal. A questão aqui é de primazia de função, e não de prioridade temporal. Visto que Cristo participa do ato da criação, Ele permanece acima e além do mundo criado, como o Agente através de quem tudo veio a existir".[2] De fato, "Todas as coisas foram feitas por ele, e sem ele nada do que foi feito se fez" (Jo 1.3). Isso mostra que Ele é o agente primeiro da Criação, e não produto dela. Heresias mais recentes também incorrem no mesmo desvio teológico, como os russelistas, que dizem que Jesus não é Deus.

Verso 3 (1.16a). "Nele foram criadas todas as coisas".

Nesse verso, não poderia haver uma afirmação mais contundente contra a heresia gnóstica do que esta, incluída no hino a Cristo. Enquanto os hereges admitiam que Jesus não passava de mais um ser (*aeon*) criado, o apóstolo Paulo, numa expressão elevadíssima de ciência dada por Deus, afirmou e apresentou Jesus como "o agente" (Ele é o Alfa) e o "objetivo" da criação (Ele é o Ômega — Ap 1.8): tudo foi criado por Ele e para Ele! Não apenas algumas coisas, mas "todas as coisas que há nos céus e na terra, visíveis e invisíveis, sejam tronos, sejam dominações, sejam principados, sejam potestades... E ele é antes de todas as coisas, e todas as coisas subsistem por ele" (Cl 1.16,17).

Cristo não é só o Senhor da criação, mas é o Senhor de todas as coisas "visíveis e invisíveis". Por "coisas visíveis" entende-se as coisas da terra, materiais; por "coisas invisíveis" entende-se as coisas espirituais, "que há nos céus", e "incluem os seres espirituais chamados de 'tronos', 'dominações', 'principados' e 'potestades'; até mesmo os 'principados' que se colocaram em oposição" a Cristo.[3] Nesses "versos" do hino, vemos claramente a supremacia ou a preeminência de Cristo na Criação. Segundo o *Comentário Bíblico Pentecostal*, "Com este papel transcendental na criação, não é de se admirar que muitos se referiram a Cristo como o 'Cristo cósmico', e ao ensino contido nestes versículos como a 'cristologia cósmica".[4] Na realidade, Ele é mais do que qualquer significação que se lhe queira dar, muito além do que a mente finita pode absorver e entender.

Estrofe 2 (1.17.18a)

Nessa estrofe, é expressa a preeminência de Cristo diante da criação, como seu sustentador, e diante da Igreja.

Verso 1 (1.17a). **"E ele é antes de todas as coisas".**

No último verso da Estrofe 1, vemos que em Cristo foram criadas todas as coisas. Neste primeiro verso, da segunda estrofe, vemos mais uma vez enfatizada a sua preeminência diante da criação. Ele precede a "todas as coisas", isto é, a tudo o que foi criado, na terra e nos céus. É por isso que Ele é chamado de o "Cristo cósmico", presente na criação do universo. Certamente, é um reforço que o apóstolo quis dar em sua defesa da fé (apologética) diante da heresia gnóstica. No verso em questão, vemos sua primazia no tempo, acima do tempo (Ele é eterno, auto-existente) e em importância ante todas as coisas criadas "por ele" e "para ele".

Verso 2 (1.17b). **"e todas as coisas subsistem por ele".**

Esta é uma afirmação de que Cristo é preeminente à criação, e é o seu sustentador, ou preservador. Pelo poder de Cristo, o universo se mantém em seu sistema seguro, por meio das leis da mecânica celeste; a órbita dos astros, as estações do ano, os ciclos biológicos, o ecossistema, e tudo o mais, se mantêm graças ao poder sustentador de Cristo, o Senhor do universo. Diz a palavra de Deus: "porque nele vivemos, e nos movemos, e existimos..." (At 17.28). Em Hebreus 1.3, lemos sobre Cristo: "O qual, sendo o resplendor da sua glória, e a expressa imagem da sua pessoa, e sustentando todas as coisas pela palavra do seu poder..." Esta última expressão do escritor aos hebreus dá uma idéia de quão poderoso é o Cristo a quem Paulo se referia. "... pela palavra do seu poder", uma vez emitida, no ato da criação, ecoou por todo o universo, e ainda hoje, e para sempre, se faz ouvir no espaço sideral. Não será isso o que os cientistas chamam de eco do universo? Eles dizem que radiotelescópios potentíssimos captam como que "um som" no espaço intergaláctico. Desde o dia, na eternidade, quando o Senhor disse "Haja luz. E houve luz" (Gn 1.3), a luz existe, bem como todas as coisas para as quais Ele proferiu: "Haja...!"

Verso 3 (1.18a). "E ele é a cabeça do corpo da igreja".

Este verso é o ponto alto da estrofe, e demonstra que Cristo é o soberano, o Senhor, o líder supremo da Igreja. Entre os ensinos heréticos, havia também a idéia de que o universo seria um corpo, governado por uma cabeça. Mas Jesus é o *Logos* divino, que exerce o seu senhorio sobre o corpo (gr. *soma*), que é a Igreja. Sem dúvida, Ele é o sustentador do cosmo, ou do universo, mas é a cabeça da Igreja, e só ela é o seu corpo. Diz Paulo: "E sujeitou todas as coisas a seus pés e, sobre todas as coisas, o constituiu como cabeça da igreja, que é o seu corpo, a plenitude daquele que cumpre tudo em todos" (Ef 1.22,23). Neste texto, vemos o poder sustentador de Cristo, sujeitando tudo a seus pés, mas o seu senhorio sobre a Igreja — "que é o seu corpo" — comparado a um organismo vivo, integrado por membros e órgãos vitais (cf. Cl 4.15,16, comparando com Rm 12.1-8; 1 Co 12.4-31).

Na mesma carta aos efésios, a metáfora da liderança de Cristo, comparada a uma cabeça, é bastante eloqüente. "Antes, seguindo a verdade em caridade, cresçamos em tudo naquele que é a cabeça, Cristo, do qual todo o corpo, bem ajustado e ligado pelo auxílio de todas as juntas, segundo a justa operação de cada parte, faz o aumento do corpo, para sua edificação em amor" (Ef 4.15,16). Esse senhorio de Cristo foi o que Paulo quis demonstrar em sua Carta aos Colossenses.

Estrofe 3 (1.18b-20)

Nesta estrofe, Cristo é exaltado como o princípio, o primeiro a vencer a morte, por sua divindade e o seu papel redentor.

***Verso 1* (1.18b). "[Jesus] é o princípio e o primogênito dentre os mortos, para que em tudo tenha a preeminência".**

Segundo nos diz a Palavra de Deus, Jesus é o Alfa, o princípio de tudo (Ap 1.8). Ele já existia "antes de todas as coisas", e é aquEle que deu início à obra de libertação dos que foram alcançados pelo pecado, condenados à morte. Escrevendo aos coríntios, o apóstolo Paulo assevera: "Mas, agora, Cristo ressuscitou dos mortos e foi feito *as primícias* dos que dormem" (1 Co 15.20, ênfase do autor). Sendo Ele o "primogênito da criação", é também o "primogênito dentre os mortos", sendo-lhe assegurada a preeminência em tudo. Ninguém foi antes dEle, e ninguém venceu a morte antes dEle. Na primeira ressurreição, a dos salvos, há uma ordem: "todos serão vivificados em Cristo. Mas cada um por sua ordem: Cristo, as primícias; depois, os que são de Cristo, na sua vinda" (1 Co 15.22b,23). Aqui não deve caber qualquer dúvida quanto à preeminência de Cristo na vitória sobre a morte. Antes dEle, e por seu poder, houve revivificações de mortos, como no caso de Lázaro, do filho da viúva de Naim, e de outros, mas não tiveram o poder pleno sobre a morte. Sem dúvida voltaram a morrer fisicamente. Mas Cristo ressuscitou no sentido absoluto, tomando um corpo espiritual, eterno, capaz de atravessar as paredes, sem impedimento da matéria.

Verso 2 (I.19). **"porque foi do agrado do Pai que toda a plenitude nele habitasse".**

No paroxismo da eternidade, foi do agrado de Deus que seu Filho se tornasse humano e habitasse entre os homens, cumprindo o plano da salvação, quando "o cordeiro" foi conhecido "antes da fundação do mundo". A plenitude de Deus habitou em Cristo, de forma completa: "Deus de Deus, Luz de Luz, Verdadeiro Deus de Verdadeiro Deus; gerado, não feito; consubstancial como Pai", conforme afirma o Credo Niceno. Diz o apóstolo Pedro: "sabendo que não foi com coisas corruptíveis, como prata ou ouro, que fostes resgatados da vossa vã maneira de viver que, por tradição, recebestes dos vossos pais, mas com o precioso sangue de Cristo, como de um cordeiro imaculado e incontaminado, o qual, na verdade, em outro tempo, foi conhecido, ainda antes da fundação do mundo, mas manifestado, nestes últimos tempos, por amor de vós" (I Pe I.18-20).

Verso 3 (I.20). **"e que, havendo por ele feito a paz pelo sangue da sua cruz, por meio dele reconciliasse consigo mesmo todas as coisas, tanto as que estão na terra como as que estão nos céus".**

Nesse texto, vê-se que Cristo efetuou a redenção do homem, cumprindo a promessa do Pai, no Éden, por ocasião da Queda, quando afirmou que "a semente da mulher" haveria de ferir a cabeça da serpente (Satanás). Jesus, no Calvário, propiciou o meio de oferecer a paz ao homem pecador. Este, que era inimigo de Deus, não tinha como aproximar-se dEle. Havia a terrível inimizade, por causa do pecado, que separava a criatura do Criador (Is 59.2).

Mais que isso, Jesus propiciou a reconciliação com Deus de "todas as coisas". Que "coisas" são essas? A resposta não é fácil, mas entende-se que todas as coisas criadas foram afetadas pelo pecado. Os reinos animal, vegetal, mineral, o espaço sideral, tudo enfim, sofreu o impacto da entrada do pecado no mundo. Essa reconciliação "de todas as coisas" de modo algum dá respaldo à falsa doutrina do "universalismo", que prega que todos os seres serão salvos, inclusive os anjos caídos, e o próprio Diabo. Segundo Pátzia, "não se trata meramente da Igreja (humanidade) que se reconcilia; Cristo trouxe uma reconciliação que se estendeu a toda a ordem universal. Ao dizer isso, Paulo demonstra aos colossenses que o universo inteiro está incluído na obra reconciliatória de Cristo. O amor de Cristo não tem limites!"[5] Esse texto do hino a Cristo é de difícil interpretação, e só a eternidade mostrará o real sentido dessa reconciliação em sua plenitude e de forma abrangente, além da obra salvífica em relação ao homem.

II – A Mensagem do Hino para os Colossenses (1.21-23)

Após demonstrar a preeminência de Cristo sobre todas as coisas, Paulo aproveitou a ocasião para aplicar a mensagem do hino a seus destinatários colossenses.

1. O passado dos colossenses (1.21a)

Direcionando a mensagem aos seus leitores, Paulo aplica a mensagem a eles próprios, dizendo: "A vós também, que noutro tempo éreis estranhos e inimigos no entendimento pelas vossas obras más..."

Era uma alusão clara ao período em que os crentes de Colossos viveram no pecado, considerados "estranhos" e, mais que isso, "inimigos no entendimento" por causa das obras pecaminosas que praticavam. É o resumo da vida de todo pecador: de um lado, o Deus justo e santo; de outro, o pecador, considerado injusto, culpado, e vivendo longe de Deus. Paulo mostrou que, antes de serem salvos, não passavam de pessoas estranhas diante de Deus, que não conheciam o Cristo, que tinha a preeminência sobre todos e sobre tudo, "a cabeça da Igreja".

2. A nova vida dos colossenses salvos

> *"... agora, contudo, vos reconciliou no corpo da sua carne, pela morte..." (1.21b,21a).*

Era uma palavra de lembrança e de estímulo aos crentes de Colossos, para que tivessem consciência de sua nova vida em Cristo. Antes, eram inimigos; agora, já salvos, estavam reconciliados com Deus, por meio de Cristo, "no corpo da sua carne", ou seja, no sacrifício do Calvário, quando Cristo se ofereceu em lugar dos pecadores, a fim de lhes propiciar não só redenção, mas reconciliação com Deus. Diz o apóstolo: "Sendo, pois, justificados pela fé, temos paz com Deus por nosso Senhor Jesus Cristo; pelo qual também temos entrada pela fé a esta graça, na qual estamos firmes; e nos gloriamos na esperança da glória de Deus" (Rm 5.1,2).

Os hereges que perturbavam a Igreja em Colossos pregavam que Jesus não seria o Salvador, pois, sendo um ser celeste (um *aeon*) não poderia encarnar, pois a carne — que é matéria — é má. Negavam que Cristo veio em carne, conforme a visão do espírito do Anticristo: "e todo espírito que não confessa que Jesus Cristo veio em carne não é de Deus; mas este é o espírito do anticristo, do qual já ouvistes que há de vir, e eis que está já no mundo" (I Jo 4.3). O apóstolo lembrou aos colossenses sua nova condição diante de Deus. Não eram mais perdidos nem inimigos; eram redimidos e reconciliados com o Senhor por meio de Jesus Cristo.

3. A finalidade da reconciliação (1.22b)

> *"... para, perante ele, vos apresentar santos, e irrepreensíveis, e inculpáveis".*

No capítulo anterior, vimos o perfil dos colossenses, chamados de "santos e fiéis irmãos". Agora, no texto em estudo, o apóstolo ressalta que Deus provera a reconciliação para que eles (os colossenses) fossem apresentados diante de Deus "santos, e irrepreensíveis, e inculpáveis". Quem está em Cristo passa por uma mudança radical em sua vida, caráter, personalidade e comportamento. Se não houver mudança e transformação de vida, no pecador que se diz convertido, é porque não há de fato uma conversão. Os novos crentes precisam demonstrar o testemunho de que são realmente santos, ou seja, separados do pecado, do mundo sem Deus, e distanciados da antiga vida de pecados; precisam ser irrepreensíveis, através de uma vida de comportamento digno de Cristo, sem serem reprovados pelo Senhor, ou pelos homens; devem ser considerados inculpáveis perante Deus, que a todos vê: "Os olhos do Senhor estão em todo lugar, contemplando os maus e os bons" (Pv 15.3). "Assim que, se alguém está em Cristo, nova criatura é: as coisas velhas já passaram; eis que tudo se fez novo" (2 Co 5.17).

4. A condição para a reconciliação (1.23)

Os colossenses só poderiam ser reconciliados com Deus e serem considerados "santos, e irrepreensíveis, e inculpáveis" se permanecessem "fundados e firmes na fé". Decerto, o apóstolo tinha em mente o perigo que aqueles irmãos corriam, ante o assédio da heresia gnóstica, que lhes apresentava "um outro evangelho", uma "nova doutrina", repleta de argumentos filosóficos, teológicos e bem elaborados, segundo uma lógica carregada de "novidades". Paulo sabia como o ser humano é atraído por "coisas novas", "diferentes". E hoje ainda é assim. Inúmeros crentes, nas igrejas, são atraídos pelos modismos doutrinários, "novas visões", "novas unções" e outros apelos. Firmados na fé em Cristo, os crentes não deveriam ser movidos ou removidos "da esperança do evangelho" que tinham ouvido, sem dúvida através de Epafras, "fiel ministro de Cristo" (Cl 1.7). Ao término desta parte de sua carta, Paulo diz aos colossenses que foi feito ministro (*diakonos*) do evangelho, "pregado a toda criatura". O único meio pelo qual os cristãos são firmados e fundados na fé é o ensino da sã doutrina.

O conhecimento de Cristo, como "imagem de Deus", e sua preeminência sobre todas as coisas, é fator de segurança para que os crentes permaneçam firmados e fundados na fé.

Sem esse conhecimento, os ventos de doutrinas podem abalar as mentes desprevenidas e despreparadas quanto ao significado do evangelho, levando-os a seguir os falsos ensinos que se multiplicam a cada dia.

---

1 CHAMPLIN, R. N. & BENTES, J. M. *Enciclopédia de Bíblia, Teologia e Filosofia*, p. 176 (grifo acrescentado).

2 PÁTZIA, Arthur G. *Efésios, Colossenses, Filemom*, p. 38.

3 ARRINGTON, French L. & STRONDTADT, Roger. *Comentário Bíblico Pentecostal*, p. 1328.

4 Ibid., p. 1328.

5 PÁTZIA, Arthur G. *Efésios, Colossenses, Filemom*, p. 40.

Capítulo 4

O Mistério do Evangelho

Colossenses 1.24-29

> *"Aos quais Deus quis fazer conhecer quais são as riquezas da glória deste mistério entre os gentios, que é Cristo em vós, esperança da glória"* (Cl 1.27).

Neste capítulo, podemos conhecer alguns aspectos muito ricos do ministério de Paulo junto às igrejas por ele fundadas. Como um verdadeiro apóstolo, que sofreu pelas almas que conseguiu ganhar para Cristo, ele soube cuidar dos seus filhos na fé, pessoalmente, ou por carta, como no caso dos colossenses, a quem discipulou, indiretamente, tanto por meio de Epafras quanto por carta. O texto em estudo nos mostra o sofrimento e o regozijo de Paulo, seu ministério junto aos gentios e sua ligação com a igreja de Colossos. E fez conhecido o "mistério de Cristo".

Deus revelou suas verdades eternas para que o homem tenha acesso à verdadeira sabedoria em Cristo Jesus. Esta sabedoria não é a que se adquire nas escolas e academias do saber humano. É a sabedoria sublime, que vem de Deus, que extasiou o próprio Paulo, quando exclamou: "Ó profundidade das riquezas, tanto da sabedoria, como da ciência de Deus! Quão insondáveis são os seus juízos, e quão inescrutáveis, os seus caminhos!" (Rm 11.33) Tiago também teve uma revelação extraordinária do que vem a ser a verdadeira sabedoria, em contraposição à falsa sabedoria. Exortando os destinatários de sua única carta, ele advertiu que viver com "amarga inveja" e "sentimento faccioso" não é a sabedoria que vem do alto, mas é "terrena, animal e diabólica". Porque, onde há inveja e espírito faccioso, aí há perturbação e toda obra perversa. Mas a sabedoria que vem do alto "é, primeiramente, pura, depois, pacífica, moderada, tratável, cheia de misericórdia e de bons frutos, sem parcialidade e sem hipocrisia" (Tg 3.13-17).

Aos colossenses, Paulo se dirigiu por carta, mostrando que "o mistério que esteve oculto desde todos os séculos e em todas as gerações" houvera sido manifestado aos santos, e que deveria ensinar aos homens o evangelho de Cristo, com toda a sabedoria a fim de que pudesse apresentar "todo homem perfeito em Jesus Cristo.

As heresias gnósticas haviam atacado a Igreja em Colossos. Por essa razão, era necessária uma orientação segura daquele que, mesmo à distância, tinha a responsabilidade, diante de Deus, de advertir os crentes em Cristo, e de lhes dar uma sábia e profunda doutrina sobre "o mistério" do evangelho, ao mesmo tempo em que se apresentava como verdadeiro ministro (*diakonos*) do Senhor Jesus, por quem padecia tanto, a ponto se encontrar na prisão em Roma.

I – O Sofrimento e o Regozijo de Paulo

1. Cumprindo as aflições de Cristo

> *"Regozijo-me, agora, no que padeço por vós e na minha carne cumpro o resto das aflições de Cristo, pelo seu corpo, que é a igreja" (1.24).*

Chamado por Deus, no caminho de Damasco, caído por terra, Paulo exclamou: "Quem és, Senhor? E disse o Senhor: Eu sou Jesus, a quem tu persegues" (At 9.5a). Após sua dramática conversão, o perseguidor Saulo foi enviado a Damasco e lá recebeu instruções de Ananias, que ouviu de Deus acerca do novo convertido: "Vai, porque este é para mim um vaso escolhido para levar o meu nome diante dos gentios, e dos reis, e dos filhos de Israel. E eu lhe mostrarei quanto deve padecer pelo meu nome" (At 9.15,16). A profecia se cumpriu inteiramente na vida do apóstolo dos gentios. Lutas e vitórias; tribulações e alegrias; ele experimentou quanto seria difícil padecer pelo nome de Jesus, a quem perseguira, antes de ser Paulo, o servo de Cristo. Ele disse: "Regozijo-me agora no que padeço por vós..." Paulo sentia um misto de alegria e sofrimento. Sua alegria era em sua alma, por saber que seu cuidado e amor pelos colossenses redundavam em sua edificação e firmeza, livrando-os da ação maligna das heresias.

O seu sofrimento era no corpo: "na minha carne", como disse no texto. Sem dúvida, ele sofrera perseguições, e, agora, preso, sentia os rigores do cárcere por amor do evangelho. Cumpria-se na vida do apóstolo o que Cristo pregou no Sermão do Monte: "bem-aventurados os que sofrem perseguição por causa da justiça, porque deles é o Reino dos céus; bem-aventurados sois vós quando vos injuriarem, e perseguirem, e, mentindo, disserem todo o mal contra vós, por minha causa. Exultai e alegrai-vos, porque é grande o vosso galardão nos céus..." (Mt 5.10-12).

Paulo, o ex-perseguidor do evangelho, muito sofreu como mensageiro de Cristo. Sua experiência de dor o fez experimentar o sofrimento de um "espinho na carne" (2 Co 12.7), pelo qual orou a Deus três vezes, e foi consolado pelo Senhor. Hoje, é difícil para muitos entender que o cristão possa sofrer por causa de sua fé. Há igrejas que pregam a "teologia da prosperidade", ensinando que se o crente sofrer, só pode ser por causa de pecado ou falta de fé. Mas Paulo sofreu muito como cristão, e não há evidências de que estivesse em pecado. Diz Pedro: "mas alegrai-vos no fato de serdes participantes das aflições de Cristo, para que também na revelação da sua glória vos regozijeis e alegreis" (1 Pe 4.13).

2. Sofrendo pela Igreja (1.24b)

Numa expressão que tem causado controvérsia entre os estudiosos da Bíblia, Paulo disse em sua carta que, na sua carne, cumpria "o resto das aflições de Cristo, pelo seu corpo, que é a igreja". Note-se que o apóstolo, no início de sua epístola, fala da grandeza de Cristo, de sua exaltação. Agora, no texto em estudo, ele faz uma reflexão pessoal do seu ministério. Certamente, queria passar para seus destinatários que ser ministro (*diakonos*) não é viver num mar de rosas; é ter alegrias? Sim. É ter sucesso? Sim. Mas é também sofrer na carne pela Igreja do Senhor. O que seria cumprir "o resto das aflições de

Cristo"? Teria Cristo deixado de cumprir o restante de seu sofrimento? Há quem ensine que seria o crente sofrer como Cristo; há quem diga que Cristo não teria completado o seu sofrimento, e que eles se cumpririam na vida dos cristãos.

Mas é o próprio Paulo quem nos dá uma indicação melhor do que significa cumprir as aflições de Cristo. Diz ele aos romanos: "todas as coisas contribuem juntamente para o bem daqueles que amam a Deus... para serem conformes à imagem de seu Filho" (Rm 8.28,29). Ora, se o cristão deve ser conforme a imagem de Jesus, precisa passar também por algum tipo de sofrimento. Antes de ser glorificado, Jesus foi humilhado, abatido e adoeceu. Em outra carta, Paulo diz: "Desde agora, ninguém me inquiete; porque trago no meu corpo as marcas do Senhor Jesus" (Gl 6.17). Certamente, Paulo queria referir-se às marcas do sofrimento em sua missão. Se há um apóstolo que sofreu muito, de modo sobre-humano, foi Paulo. Escrevendo aos coríntios, ele diz, referindo-se aos outros apóstolos: "São ministros de Cristo? (Falo como fora de mim.) Eu ainda mais: em trabalhos, muito mais; em açoites, mais do que eles; em prisões, muito mais; em perigo de morte, muitas vezes" (2 Co 11.23).

II – O Ministro de Cristo

> *"da qual eu estou feito ministro segundo a dispensação de Deus, que me foi concedida para convosco, para cumprir a palavra de Deus" (1.25).*

I. O "ministro" no tempo de Paulo

Hoje, quando se fala em ministro, tem-se uma idéia da função ocupada pelos grandes dignitários da nação, que ocupam cargos importantes nos ministérios: "o ministro da Fazenda"; "o ministro do Planejamento"; "o ministro da Defesa", etc. Contudo, quando Paulo dizia que foi "feito ministro", a conotação era bem diferente. No original grego, a palavra é *diakonos,* traduzida em grande parte por "servo", "diácono" ou "ministro". Dela derivam outras, tais como *diakonia,* com o sentido de "serviço", "ministério". Hoje, um pastor não diz: "Estou realizando minha diaconia", referindo-se a seu ministério.

Essas palavras, no sentido original, estavam sempre voltadas para a idéia de serviço, de servir (cf. Lc 10.40; 17.8; 22.27; At 6.2). A palavra *diakonos,* usada pelo apóstolo, tem relação com outra, *doulos* (pron. *dúlos*), com o mesmo sentido, embora mais incisiva, significando "servo" ou "escravo". Era assim que Paulo se sentia, ao dizer que era "ministro, segundo a dispensação de Deus", ou segundo a sua atividade ministerial, ou à administração (gr. *oikonomia*) que lhe foi confiada. Paulo se considerava um dos mordomos (*oikonomoi*) de Deus. (Ver essa interpretação, com base em outros textos: At 26.16; Rm 13.4; Gl 2.17; Ef 3.7.)

2. O ministro nas igrejas atuais

A palavra "ministro", na igreja atual, assumiu um outro sentido. Refere-se àquele que é líder na comunidade cristã, e diferencia-se do diácono, que, na prática, é a pessoa que auxilia os dirigentes. De início, os diáconos foram separados para atuar na área social da igreja, conforme Atos 6. Hoje, suas funções têm sido muito simplificadas, limitando-se, na maioria dos casos, ao recolhimento das contribuições para a obra, ou servir os elementos da Santa Ceia. Houve tempo em que os diáconos, nas igrejas locais eram verdadeiros servos, no sentido estrito da palavra. Em muitos lugares, zelavam a igreja local, faziam visitas aos enfermos e executavam tarefas bem humildes.

Na realidade, nós, obreiros do Senhor, devemos ter a mentalidade de diáconos, ou seja, de que não passamos de servos do Senhor, a serviço de seus servos, de sua Igreja. Nada justifica, para os ministros (*diakonoi*) do Senhor, sejam pastores, evangelistas, presbíteros ou diáconos, demonstrar empáfia, orgulho, presunção ou jactância, no exercício do ministério (*diakonia*). Somos apenas servos. Nada mais. Jesus, o Ministro maior, deixou eloqüente lição ao mostrar aos seus discípulos o seu exemplo de diaconia. Quando a mãe de dois deles pedia que seus filhos fossem assentados, um à direita e outro à sua esquerda, na eternidade, Jesus chamou os discípulos e disse: "Bem sabeis que pelos príncipes dos gentios são estes dominados e que os grandes exercem autoridade sobre eles. Não será assim entre vós; mas todo aquele que quiser, entre vós, fazer-se grande, que seja vosso serviçal; e qualquer que, entre vós, quiser ser o primeiro, que seja vosso servo, bem como o Filho do Homem não veio para ser servido, mas para servir e para dar a sua vida em resgate de muitos" (Mt 20.25-28). Que o Senhor nos ajude a imitá-lo no serviço cristão.

II – O Mistério que Esteve Oculto (1.26,27)

"o mistério que esteve oculto desde todos os séculos e em todas as gerações e que, agora, foi manifesto aos seus santos; aos quais Deus quis fazer conhecer quais são as riquezas da glória deste mistério entre os gentios, que é Cristo em vós, esperança da glória" (1.26,27).

1. O mistério manifestado (1.26b)

Na língua grega, a palavra "mistério" é *mysterion*, dando idéia de misterioso, secreto, não conhecido. O ocultismo, que difunde os ensinos da Nova Era, do satanismo e de outras doutrinas perigosas, está em moda nos dias presentes. Havia, no tempo de Paulo, e ainda hoje existem, "religiões de mistério". Essa expressão, referindo-se ao "mistério" que esteve oculto, tem um sentido muito interessante. Deus não é um Deus de ocultismo, de esoterismo, mas suas verdades mais profundas estiveram longe do alcance dos mortais por muito tempo. E Ele, o soberano Senhor do universo, resolveu revelar essas verdades eternas ao mundo através de sua Igreja. E esse mistério não era outro, senão a Palavra de Deus (1.25b).

No Novo Testamento, a palavra "mistério" aparece 27 vezes. Nas epístolas paulinas, ocorre 20 vezes, conforme acentua Pátzia.[1] E Paulo faz saber aos irmãos de Colossos que aquele "mistério" , "agora, foi manifesto aos seus santos" (1.26b). Aos romanos, o apóstolo fez uma declaração semelhante, acerca da revelação do evangelho: "Ora, àquele que é poderoso para vos confirmar segundo o meu evangelho e a pregação de Jesus Cristo, conforme a revelação do mistério que desde tempos eternos esteve oculto" (Rm 16.25,26). Aos coríntios, Paulo fez questão de dizer que não lhes fora enviado com palavras do saber ou da ciência humana, "mas falamos a sabedoria de Deus, oculta em mistério, a qual Deus ordenou antes dos séculos para nossa glória; a qual nenhum dos príncipes deste mundo conheceu; porque, se a conhecessem, nunca crucificariam ao Senhor da glória. Mas, como está escrito: As coisas que o olho não viu, e o ouvido não ouviu, e não subiram ao coração do homem são as que Deus preparou para os que o amam. Mas Deus no-las revelou pelo seu Espírito; porque o Espírito penetra todas as coisas, ainda as profundezas de Deus" (I Co 2.7-10). Essa "sabedoria de Deus", "as coisas que o olho não viu, e o ouvido não ouviu", sem dúvida alguma são o "mistério de Cristo", revelado aos homens através dos seus servos, de seus mensageiros da fé.

2. O mistério desvendado (1.27b)

Mas a revelação do "mistério" de Deus se concretizou de modo mais profundo e conseqüente em Cristo Jesus. Paulo esclarece esse ponto, ao dizer, em sua carta, referindo-se "aos santos" (1.26), "aos quais Deus quis fazer conhecer quais são as riquezas da glória deste mistério entre os gentios, que é Cristo em vós, esperança da glória" (1.27). Estava desvendado todo "o mistério", que não é outro, senão "quais são as riquezas da glória, deste mistério, que é Cristo em vós, a esperança da glória"! Agora, não somente "o Verbo se fez carne e habitou entre nós, e vimos a sua glória, como a glória do Unigênito do Pai, cheio de graça e de verdade" (Jo 1.14), mas está "em" nós.

Aos colossenses, o apóstolo diz que Cristo, o "mistério" revelado, estava neles. Num momento em que a fé dos irmãos de Colossos estava sendo atacada pelas heresias gnósticas, que pregavam um Cristo qualquer, igual aos anjos e outras "emanações" de Deus, deve ter sido muito confortador para eles saber que Cristo não apenas era o Senhor, o Salvador, mas estava neles, num sentido espiritual mais profundo do que podiam imaginar. As "riquezas da glória" do mistério estavam sendo reveladas aos gentios, ou seja, Cristo tornado conhecido aos povos perdidos.

III – O Homem Perfeito

"a quem anunciamos, admoestando a todo homem e ensinando a todo homem em toda a sabedoria; para que apresentemos todo homem perfeito em Jesus Cristo"(1.28).

1. Anunciando Jesus

Cristo, o "mistério" revelado, não poderia ficar enclausurado entre alguns homens, ou como privilégio de um povo ou nação. O plano de Deus para a salvação do homem perdido, desde o Éden, tinha de ser conhecido. Mas, durante séculos e séculos, esteve oculto, guardado nos arcanos de Deus. O apóstolo, dirigindo-se aos colossenses, enfatizava que anunciar Jesus fazia parte da revelação de Deus aos santos. Até poucas linhas atrás, Paulo fala na primeira pessoa do singular. A partir do texto em análise, ele se dirige aos irmãos na primeira pessoa do plural, dizendo: "anunciamos", referindo-se a Cristo. Certamente, ele incluía Epafras e Tíquico, seus fiéis companheiros de ministério e de epístola (1.7; 4.7). Nos dias presentes, a Igreja do Senhor precisa anunciá-lo sem perda de tempo. Enquanto muitos cristãos omitem-se de anunciar as Boas Novas de salvação em Cristo, o Diabo anuncia sua "Nova Era de Aquários", que não passa de uma mistura de falsos ensinos e doutrinas. Anunciar Jesus é a tarefa mais importante da Igreja em todos os tempos, e em todos os lugares.

2. O homem perfeito em Cristo

Paulo chamava a atenção dos crentes para a admoestação e o ensino acerca de Cristo. Admoestar é advertir, avisar, lembrar. Aos colossenses, o apóstolo acentuava que admoestava "a todo homem", e ensinava "a todo homem, em toda a sabedoria", para apresentar "todo o homem perfeito em Jesus Cristo". Mas, será possível que, aqui na terra, alguém seja perfeito? Primeiro, deve-se ter em mente que Cristo tem de ser anunciado "por todo o mundo" a "toda criatura" (Mc 16.15). A mensagem do evangelho deve ser inclusiva, e não exclusiva. Nenhuma pessoa, em qualquer lugar, no meio de qualquer povo, deve ser excluída da pregação das Boas Novas. Em segundo lugar — e não menos importante —, a mensagem deve ser transmitida "em toda a sabedoria".

Certamente, Deus quer aperfeiçoar o homem, através do evangelho, para que o mesmo, uma vez salvo, chegue, um dia, "à unidade da fé e ao conhecimento do Filho de Deus, a varão perfeito, à medida da estatura completa de Cristo" (Ef 4.13). A sabedoria que aperfeiçoa o homem não é aquela adquirida nos bancos das escolas ou das faculdades. Esta, muitas vezes, pode ser "terrena, animal e diabólica" (Tg 3.15). A verdadeira sabedoria é aquela que "vem do alto", que é, "primeiramente, pura, depois, pacífica, moderada, tratável, cheia de misericórdia e de bons frutos, sem parcialidade e sem hipocrisia" (Tg 3.17).

Respondendo à questão acima levantada, pode-se dizer que ninguém é perfeito em si mesmo, na condição de pecador, falho e mortal. Contudo, "em Cristo", a mensagem do evangelho tem o objetivo de apresentar o homem "perfeito". Essa perfeição, no sentido pleno, sem dúvida alguma, só poderá ser alcançada quando a última etapa da salvação for atingida — a glorificação —, seja através da ressurreição, seja através do arrebatamento dos salvos. No máximo, o que se pode inferir da expressão "homem perfeito em Cristo", aqui na terra, é que ela se refere a uma perfeição relativa, ou à maturidade que o crente pode ter na sua vida, em comunhão com o Senhor. Enquanto os hereges gnósticos pregavam que a sabedoria (*gnosis*) era o meio para a perfeição de uns poucos "iluminados", Paulo ensinava que os colossenses poderiam ter maturidade em Cristo Jesus.

3. O preço do ministério de Paulo

> *"e para isto também trabalho, combatendo segundo a sua eficácia, que opera em mim poderosamente"(1.29).*

Mesmo sem ter contato pessoal com os destinatários da carta, Paulo lhes faz saber que seu esforço e trabalho em prol deles era grande e incessante. "Para isto", ou seja, para apresentar "todo o homem perfeito em Cristo", ele afirma também trabalhar. Decerto, tinha em mente que o portador da mensagem era Epafras, mas ele, Paulo, esforçava-se do mesmo modo, mesmo à distância, para anunciar a verdade de Cristo àqueles que estavam sendo ameaçados pelas heresias. Os termos usados são bem enfáticos: "e para isto também trabalho", pode ser traduzido por "para isto me afadigo" (gr. *agonizomenos*), dando idéia de um esforço supremo, que demanda todas as forças. Paulo era um obreiro incansável, lutador, dedicado de tempo integral à pregação do evangelho; "combatendo segundo a sua eficácia" (de Cristo), ou "esforçando-me" (gr. *kopiao*), segundo a eficácia de Cristo.

Paulo sabia creditar ao Senhor o mérito do sucesso ministerial. Não era um obreiro orgulhoso, presunçoso, que se jacta do cargo ou da função, ou que atribui o êxito do seu trabalho à capacidade pessoal. Ele sabia dar a Cristo o seu devido louvor, e honra pelo que lhe concedia fazer. Por isso, afirmou que fazia aquele trabalho incansável em prol dos outros, "segundo a sua eficácia [de Cristo], que opera em mim poderosamente". Aos filipenses, disse: "porque Deus é o que opera em vós tanto o querer como o efetuar, segundo a sua boa vontade" (Fp 2.13). Se Deus é o que opera tudo em nós, não podemos nos orgulhar de nada. A Ele pertence toda a glória, toda a honra, e todo o louvor.

Paulo foi feito ministro (*diakonos*) de Cristo, para anunciar aos santos o "mistério" que esteve oculto nas eras passadas da eternidade. Esse "mistério" foi revelado como sendo Cristo a esperança da glória, entre os salvos que recebem a sua mensagem. Essa revelação foi (e é) passada aos homens através da admoestação e do ensino para que seja apresentado "todo o homem perfeito em Cristo". Cabe à Igreja, como única agência detentora do direito de revelar esse "mistério", anunciar a Cristo aos quatro cantos da terra, antes que a porta da graça se feche para sempre.

---

[1] PÁTZIA, Arthur G. *Efésios, Colossenses, Filemom*, p. 50.

Capítulo 5

O Progresso Espiritual dos Crentes

Colossenses 2.1-7

"Como, pois, recebestes o Senhor Jesus Cristo, assim também andai nele, arraigados e edificados nele e confirmados na fé, assim como fostes ensinados, crescendo em ação de graças" (Cl 2.6,7).

O verdadeiro pastor defende as ovelhas do rebanho. Por elas, enfrenta lutas e combates contra os inimigos que as atacam. Nas ilustrações bíblicas, baseadas na vida pastoril dos tempos do Antigo e do Novo Testamento, geralmente aparecem, nas campinas, às margens dos rios, pequenos e grandes rebanhos, aos cuidados de um pastor. Davi foi um exemplo típico. Quando se apresentou a Saul, oferecendo-se para lutar contra Golias, só conseguiu impressionar o rei de Israel ao dizer que era pastor de ovelhas, e já houvera combatido contra um leão e um urso.

Paulo nunca fora pastor de ovinos, nem combatera leões ou ursos. Mas foi um grande lutador, na defesa do rebanho de Cristo contra os inimigos espirituais que se levantavam contra a Igreja do Senhor em qualquer lugar. Ele os comparou a animais ferozes, quando disse: "Se, como homem, combati em Éfeso contra as bestas..." (I Co 15.32a). Mesmo sem ter ido a Colossos, combateu firmemente os hereges agnósticos, que procuravam diminuir o valor de Cristo como Senhor e Salvador. O apóstolo empreendeu grande luta em prol da fé dos irmãos de Colossos, contribuindo para que seus corações fossem, ao mesmo tempo, fortalecidos, consolados, e firmados em Cristo Jesus. Era necessário que os mesmos tivessem não só a fé, mas firmeza e a segurança na sã doutrina, para que não caíssem nas armadilhas das seitas e das heresias.

No presente século, as ameaças heréticas não são menos perigosas que as sofridas pelos colossenses. Os obreiros, pastores do rebanho de Cristo, são os guardiões da fé e da ortodoxia da doutrina bíblica. Para isso, continuam a enfrentar combates ferrenhos contra "os principados, contra as potestades, contra os príncipes das trevas deste século, contra as hostes espirituais da maldade, nos lugares celestiais" (Ef 6.12).

I – Em Defesa dos Cristãos

> *"Porque quero que saibais quão grande combate tenho por vós, e pelos que estão em Laodicéia, e por quantos não viram o meu rosto em carne" (2.1).*

I. O "grande combate"

Paulo dirigiu-se, na carta, aos irmãos de Colossos, enfatizando o seu esforço denodado, a sua luta incessante, em defesa da fé daqueles servos de Deus. Mesmo sem ter tido contato pessoal com os destinatários da epístola, o apóstolo demonstrava grande amor por suas almas. Incluiu na missiva os irmãos de Laodicéia, cidade que distava cerca de trinta e cinco quilômetros de Colossos. Ele disse ainda que gostaria que os seus leitores soubessem "quão grande combate" ele enfrentava em favor dos mesmos. Paulo era um aguerrido combatente da fé. Esse combate consistia em confrontar as falsas doutrinas, as heresias, os falsos ensinos e as falsas filosofias, que atacavam os irmãos das igrejas que ele fundara, ou ajudara a fundar.

Escrevendo aos filipenses, vemos que a luta de Paulo fazia parte de sua missão. Diz ele aos irmãos de Filipos: "Somente deveis portar-vos dignamente conforme o evangelho de Cristo[...] combatendo juntamente com o mesmo ânimo pela fé do evangelho... Porque a vós vos foi concedido, em relação a Cristo, não somente crer nele, como também padecer por ele, tendo o mesmo combate que já em mim tendes visto e, agora, ouvis estar em mim" (Fp 1.27-30). Aos tessalonicenses, ele escreve, sempre chamando a atenção para a natureza da luta em prol do evangelho de Cristo: "mas, havendo primeiro padecido e sido agravados em Filipos, como sabeis, tornamo-nos ousados em nosso Deus, para vos falar o evangelho de Deus com grande combate" (1 Ts 2.2).

Certamente, nos dias atuais, os obreiros cristãos à frente das igrejas locais, em inúmeras cidades no mundo, têm de se conscientizar de que o ministério não é atividade que dá *status* social, e muito menos político. Mas é, acima de tudo, uma atividade que equivale a uma luta ou uma guerra de caráter espiritual. E, em defesa do rebanho do Senhor, que lhes é confiado, é exigido um grande combate contra as forças do mal, que ameaçam e atacam o corpo de Cristo aqui na terra. Se o gnosticismo, hoje, não é a maior ameaça, certamente outros "ismos" estão forçando os muros das igrejas locais no aspecto espiritual. O liberalismo ataca, disfarçado de evolução; o modernismo, igualmente, leva os crentes a se "contextualizarem", aceitando os maus costumes da sociedade sem Deus.

O humanismo tem entrado de modo tão disfarçado nos arraiais evangélicos, que "o homem" tem tomado o primeiro lugar, como aconteceu com a igreja de Laodicéia, a quem Paulo se dirigiu no texto em foco. O nome Laodicéia, segundo Champlin,[1] tem origem na homenagem que o imperador selêucida Antíoco II, fundador da cidade, prestou à sua esposa, Laodice. Segundo a história, em Laodicéia, o culto ao imperador era observado, mesmo entre os crentes, para evitar a perseguição. Não será o que acontece nos dias presentes, quando muitos evangélicos preferem agradar ao mundo para não serem importunados por ele?

Paulo, contudo, não dava trégua aos inimigos do evangelho. Quando percebia que qualquer igreja cristã estava sendo ameaçada pelas heresias, brandia a "espada do Espírito, que é a Palavra de Deus" (Ef 6.17), e enfrentava todos os poderes do maligno. Seu combate foi levado a efeito até à morte, como se vê no texto da Carta a Timóteo: "Combati o bom combate, acabei a carreira, guardei a fé" (2 Tm 4.7).

2. A finalidade do combate pela fé

"para que os seus corações sejam consolados, e estejam unidos em caridade e enriquecidos da plenitude da inteligência, para conhecimento do mistério de Deus — Cristo" (2.2).

a) Corações consolados

Nada mais prejudicial para uma comunidade cristã do que corações perturbados, ansiosos, tristes ou revoltados. Paulo fazia ver aos colossenses que a sua luta pela fé deles tinha como objetivo assegurar-lhes o consolo em seus corações. Consolar, no grego, é *parakaleo*, que tem o sentido de consolar, encorajar, animar. Certamente, os ataques das heresias, em Colossos, causava certo desânimo entre os irmãos. Sem dúvida, no relato de Epafras, Paulo pôde perceber esse detalhe. E fez questão de incluir em sua carta uma palavra de consolo, de encorajamento. Hoje, nas igrejas, há muitos crentes desanimados. A luta do dia-a-dia, os problemas que surgem no trabalho, na família, nos relacionamentos, podem em conjunto causar desânimo espiritual. Daí, por que o obreiro precisa saber usar a Palavra de Deus, na unção do Espírito Santo, para consolar os crentes. Não tem sentido o homem de Deus utilizar freqüentemente o púlpito para tão-somente ministrar palavras duras, de condenação ou de reprovação para toda a igreja. Sem dúvida, há ocasiões em que se faz necessária uma palavra forte contra o pecado de alguém, ou de alguns. Mas, se esse tipo de mensagem for freqüente, por certo muitos se afastarão da congregação, pois a maioria espera receber uma palavra de conforto para suas almas, diante dos embates da fé.

b) "Unidos em caridade" (2.2)

Os crentes de Colossos já eram "santos e irmãos fiéis em Cristo" (1.2). No entanto, Paulo desejava que eles tivessem um aperfeiçoamento maior em suas qualidades como servos de Deus. Além de consolados, deveriam demonstrar união. Como poderiam vencer as sutilezas das heresias e resistir aos embates contra o inimigo espiritual, se não fossem unidos? No entanto, não poderiam simplesmente ser unidos; deveriam ser "unidos em caridade". União e amor são elementos indispensáveis para que os cristãos sejam fortes contra as forças do mal. O salmista tinha razão ao dizer: "Oh! Quão bom e quão suave é que os irmãos vivam em união!", comparando essa união ao óleo da unção sacerdotal, e ao orvalho do Hermom sobre os montes à sua volta (Sl 133). O que mantém a força da Igreja, da parte de Deus, é o seu poder e sua unção. Da parte dos crentes, sem dúvida, a união e o amor na prática (caridade) constituem-se os ligamentos, juntas e medulas, que mantêm o corpo de Cristo integrado e fortalecido diante das adversidades e ameaças. Essa unidade é enfatizada por Paulo aos coríntios, quando ele diz: "Porque assim como em um corpo temos muitos membros, e nem todos os membros têm a mesma operação, assim nós, que somos muitos, somos um só corpo em Cristo, mas individualmente somos membros uns dos outros" (Rm 12.4,5).

c) "E enriquecidos da plenitude da inteligência" (2.2)

A inteligência a que ser referia o apóstolo, no texto, com certeza era a "inteligência espiritual" (1.9), que lhes permitia entender o que seria "o mistério de Deus — Cristo", revelado aos gentios. Os colossenses precisavam ser enriquecidos plenamente dessa "inteligência", ante os apelos das heresias gnósticas, que tentavam diminuir o valor transcendental de Cristo, o preeminente Senhor e Redentor de suas almas. Seria uma loucura trocar Cristo, a "imagem do Deus invisível, o primogênito de toda a criação" (1.15), pelas idéias heréticas de que identificavam Cristo como sendo apenas uma das "emanações" de Deus, semelhante a outros seres (*aeons*) angelicais.

Tais ensinos falsos tinham por base as "filosofias e vãs sutilezas" (2.8) de homens que são portadores de mensagens heréticas. No entanto, o Cristo que os colossenses conheciam lhes concedia serem "enriquecidos da plenitude da inteligência" acerca da realidade do mundo espiritual. Paulo, escrevendo aos coríntios, assegura-lhes que sua pregação não consistia "em palavras persuasivas de sabedoria humana, mas em demonstração do Espírito e de poder" (I Co 2.4b), para que a fé deles não se apoiasse "em sabedoria dos homens, mas no poder de Deus" (I Co 2.5); e completa sua mensagem, dizendo: "Todavia, falamos sabedoria entre os perfeitos; não, porém, a sabedoria deste mundo, nem dos príncipes deste mundo, que se aniquilam; mas falamos a sabedoria de Deus, oculta em mistério, a qual Deus ordenou antes dos séculos para nossa glória" (I Co 2.6,7). Não poderia ser outra a mensagem de Paulo aos colossenses, acerca da pessoa de Cristo.

Hoje, a maioria dos filósofos é formada de homens materialistas, que formulam teorias, ensinos e doutrinas carnais, muitas delas de inspiração satânica, com um só objetivo: impedir que as pessoas sejam iluminadas pela luz do evangelho, bem como afastar de Deus aquelas pessoas que têm algum sentimento de buscar a salvação. Assim, é uma "riqueza" espiritual de valor inestimável ter conhecimento da verdade de

Deus, transmitida aos homens através de Cristo. Ele não apenas trouxe ao mundo "uma" verdade, mas Ele próprio encarnou a verdade, ao asseverar: "Eu sou o caminho, e a verdade, e a vida. Ninguém vem ao Pai senão por mim" (Jo 14.6).

II – Os Tesouros da Sabedoria e da Ciência

> *"Em quem estão escondidos todos os tesouros da sabedoria e da ciência" (2.3).*

1. Tesouros escondidos

No texto ora em estudo, Paulo descreve seu ministério, ao mesmo tempo que amplia a visão sobre "o mistério de Deus — Cristo", revelado aos gentios e conhecido dos colossenses, que já possuíam a "inteligência espiritual". No tópico anterior, vê-se que o apóstolo deseja que os de Colossos sejam plenamente ricos em conhecimento acerca de Cristo. Essa idéia tem muito sentido quando se sabe o porquê da carta de Paulo. Ele sabia que as heresias de Colossos poderiam ser um verdadeiro engodo, ou isca, para atrair a fé de crentes incautos, que se guiam pelas aparências e pelas vantagens imediatas que alguém ou alguma coisa lhes propicie. De um lado, certos gnósticos ensinavam que o corpo deveria ser usado como instrumento dos prazeres da carne, para que fosse vilipendiado, pois não passava de matéria, que é coisa má; de outro lado, muitos gnósticos entendiam que a prática da ascese (abstinência de prazeres) seria a melhor forma de purificação espiritual. Tudo isso era falácia, misticismo, fruto da ignorância das mentes entenebrecidas pelo Diabo. Mas muita gente absorvia os ensinos heréticos, que não passavam de falso conhecimento e falsa riqueza cultural.

Diante disso, o apóstolo enfatizava aos colossenses que Cristo não só é preeminente em tudo, mas, também, nEle, "estão escondidos todos os tesouros da sabedoria e da ciência". Se os colossenses queriam sabedoria e ciência, não precisavam buscá-los em nenhum outro. Cristo tinha "todos os tesouros" de que precisavam. Em outra ocasião, Paulo ficou extasiado diante da sabedoria divina, ao exclamar: "Ó profundidade das riquezas, tanto da sabedoria, como da ciência de Deus! Quão insondáveis são os seus juízos, e quão inescrutáveis, os seus caminhos!" (Rm 11.33) Jesus não era apenas um a mais entre os seres angelicais (*aeons*) que os gnósticos viam como "emanações" de Deus. Muito ao contrário, e acima disso, Ele era (e é) a "imagem do Deus invisível, o primogênito de toda a criação" (1.15); "E ele é antes de todas as coisas, e todas as coisas subsistem por ele" (1.17); "porque foi do agrado do Pai que toda a plenitude nele habitasse" (1.19).

2. Uma solene advertência

> *"E digo isto para que ninguém vos engane com palavras persuasivas" (2.4).*

a) Persuasão enganosa

Uma das coisas mais utilizadas pelas seitas e heresias é a persuasão sutil e cheia de argumentos falaciosos. Neste texto, Paulo adverte pela primeira vez os crentes de Colossos contra os falsos ensinos, chamando-lhes a atenção para o fato de que os hereges procuram enganar as pessoas com "palavras persuasivas". Na língua grega, enganar é *paralogizomai*, com o sentido de seduzir ou iludir os incautos; "palavras persuasivas" é a tradução de *pithanologia*, com o sentido de tentar convencer de modo veemente. Hoje, a técnica ou "arte da persuasão" enganosa é muito praticada pelos adeptos das seitas. Eles são treinados para "vender" suas idéias aos homens, inclusive com a utilização de elaboradas técnicas de propaganda, seguindo um roteiro muitas vezes sob a orientação de especialistas em "marketing". Mas Paulo mostrou aos colossenses que só em Cristo toda a sabedoria e toda a ciência de Deus podem ser encontrados.

b) Presente em espírito

"Porque, ainda que esteja ausente quanto ao corpo, contudo, em espírito, estou convosco" (2.5). Se em liberdade Paulo não teve ensejo de visitar os crentes em Colossos, agora, na prisão, sentia-se mais distante em termos físicos. Porém, ele queria que os irmãos colossenses soubessem que eles não estavam só. Além de Epafras, "fiel ministro de Cristo" (1.7), podiam contar com o apóstolo na sua caminhada, e na luta contra as heresias. Estar "presente em espírito" nem de longe quer insinuar qualquer conotação de espiritismo, telepatia, "viagem astral" ou qualquer outra idéia errônea dos movimentos heréticos. Por certo, o apóstolo queria lhes cientificar que estaria com eles, espiritualmente, em oração, em interesse, em dedicação, em união e em comunhão.

c) Firmeza em Cristo (2.5b)

O apóstolo alegrava-se vendo "a ordem" e a "firmeza" da fé que os colossenses depositavam em Cristo. É a satisfação de cada obreiro que lida com parte do rebanho do Senhor. Nada mais gratificante para um servo de Deus, líder de uma igreja local, do que perceber que as ovelhas de Cristo, sob seus cuidados, estão firmes nos caminhos do Senhor. O evangelista João, provavelmente escrevendo a uma igreja por ele fundada, expressava a sua alegria pela vida dos crentes firmados no evangelho: "Muito me alegro por achar que alguns de teus filhos andam na verdade, assim como temos recebido o mandamento do Pai" (2 Jo 4).

III – Andando em Cristo

I. "Recebestes o Senhor Jesus"

> *"Como, pois, recebestes o Senhor Jesus Cristo, assim também andai nele" (2.6).*

Paulo tinha convicção da firmeza dos colossenses. Mas, como a ameaça herética era muito forte, ele fazia questão de enfatizar o caráter dos destinatários de sua carta. Eles haviam recebido o Senhor Jesus em seus corações pela pregação de Epafras, o obreiro amigo. Talvez uma das características mais comuns nos dias presentes é a falta de firmeza de grande parte dos que freqüentam os templos evangélicos. É impressionante como há pessoas sem convicção de sua fé. Certamente, não receberam o Senhor Jesus em seus corações. Sabemos de casos em que crentes de determinada denominação por mais de trinta anos, ao participarem de certos encontros de caráter persuasivo, saem extasiados e afirmando: "Passei tantos anos na igreja em que aceitei a Cristo, mas agora é que sei o que é ser crente!"; ou, "Perdi tantos anos na igreja tal; agora é que descobri a verdade!" Sem dúvida alguma, tais pessoas nunca tiveram uma experiência real com Jesus em suas vidas. Pessoas com esse comportamento são facilmente levadas pelas "palavras persuasivas" dos adeptos das seitas.

2. "Andai nele"

Essa figura do "andar" em Cristo bem demonstra o sentido do viver diário do cristão. Todos os dias, as pessoas andam de um lugar para outro, mesmo que em pequenos percursos. Andar é a coisa mais natural para uma pessoa sadia. Aplicando a figura ao âmbito espiritual, Paulo exortou os colossenses a não só terem Cristo como seu Senhor, mas também a andarem nEle. No Antigo Testamento, essa metáfora já era muito utilizada, com o sentido de conduta, comportamento, atitudes e prática de vida: "e declara-lhes os estatutos e as leis e faze-lhes saber o caminho em que devem andar e a obra que devem fazer" (Êx 18.20); "inclinando a si o nosso coração, para andar em todos os seus caminhos e para guardar os seus mandamentos, e os seus estatutos, e os seus juízos que ordenou a nossos pais" (I Rs 8.58). Nos salmos, já era usada esta figura. Diz o salmista: "Bem-aventurado aquele que teme ao Senhor e anda nos seus caminhos!" (Sl 128.1) No Novo Testamento, o apóstolo Paulo utiliza essa metáfora cerca de vinte e nove vezes. Andar em Cristo significa, de modo geral, ter uma vida de obediência aos seus preceitos, ordenanças e mandamentos.

3. "Arraigados e edificados na fé" (2.7a)

Antes da salvação, o pecador tem suas raízes no mundo do pecado, na vida carnal, sob influência do maligno. São raízes más, de ignorância e trevas espirituais. Os colossenses foram exortados a serem "arraigados", ou seja, a terem raízes na fé em Cristo. Tal figura lembra uma árvore que é bem plantada no solo com profundidade, e não apenas superficialmente. Ela vem do verbo grego *ridzo*, que significa "lançar raízes", ou, no passivo, "estar radicados". Ao lado dessa figura, o apóstolo utiliza outra, emprestada da construção civil — edificados —, que bem expressa o desenvolvimento espiritual do crente. Começa com a base, na "Rocha", que é Cristo. O Mestre usou essa idéia quando falava do seu evangelho: "Todo aquele, pois, que escuta estas minhas palavras e as pratica, assemelhá-lo-ei ao homem prudente, que edificou a sua casa sobre a rocha" (Mt 7.24).

Se andar em Cristo é viver diariamente em obediência ao Senhor, estar "edificado" nEle significa ter a firmeza e a segurança de fé, cumprindo os preceitos emanados de sua Palavra. Quem assim faz é comparado ao "homem prudente, que edificou a sua casa sobre a rocha", como lemos acima. O salmista usou essa figura de modo muito eloqüente ao dizer: "Se o Senhor não edificar a casa, em vão trabalham os que edificam..." (Sl 127.1a). Paulo resume as duas idéias do arraigar e do edificar ao escrever aos coríntios: "Porque nós somos cooperadores de Deus; vós sois lavoura de Deus e edifício de Deus" (I Co 3.9). Aos efésios, ele exorta com o mesmo sentido, incluindo as duas figuras de linguagem: "para que Cristo habite, pela fé, no vosso coração; a fim de, estando arraigados e fundados em amor" (Ef 3.17).

Sendo "lavoura" de Deus, somos comparados a plantas, que têm raízes; como "edifício" de Deus, precisamos ter base, estrutura, paredes de proteção, cobertura e revestimento. Todas essas figuras podem ser bem aplicadas ao desenvolvimento da vida cristã.

4. "Confirmados na fé" (2.7b)

O apóstolo era, sem dúvida, um homem versado em conhecimento de muitas áreas da vida. Se no item anterior nós o vemos tomar emprestado figuras do mundo agrícola e da construção civil, nesse item ele usa uma figura muito comum na área jurídica: confirmar, que pode ser definido como "tornar firme; corroborar, ratificar. Mostrar a verdade de; comprovar; demonstrar..."[2] O cristão não deve apenas dizer que é crente em Jesus, mas deve demonstrar que é salvo, e confirmar com seu testemunho, suas atitudes e procedimentos que é mesmo radicado e edificado na fé em Jesus. Essa fé, que é salvífica, alcançada pela graça e por meio da fé pessoal, "é dom de Deus" (Ef 2.8), mas, para ser confirmada, precisa do testemunho através das obras da nova vida em Cristo, preparadas por Deus para que andemos nelas (Ef 2.10). Essa fé jamais pode ser comprovada se não houver obras que indicam um comportamento genuíno da comunhão com Cristo. Tiago expressa tal assertiva de modo marcante e incisivo: "Porque, assim como o corpo sem o espírito está morto, assim também a fé sem obras é morta" (Tg 2.26).

5. "Assim como fostes ensinados" (2.7c)

Em sua carta, Paulo se dirigia a uma igreja atacada pelas heresias gnósticas, que negavam a soberania e autoridade de Cristo, bem como a sua encarnação. No entanto, o apóstolo repousou sua confiança no ensino que primeiramente receberam os colossenses por meio de Epafras, seu companheiro de ministério. Ele escrevia-lhes para fortalecer a sua fé e exortá-los à prudência diante das falsas doutrinas, para que permanecessem "arraigados e edificados na fé", ou seja, da forma que foram ensinados. De fato, somente o ensino da Palavra de Deus, em sua ortodoxia, pode livrar uma igreja local, e os que nela se congregam, das falsas doutrinas das seitas e das heresias. A Palavra de Deus é poder, e tem poder para combater o mal. Ela é a "espada do Espírito" (Ef 6.17). É arma de ataque contra os poderes das trevas. E uma palavra só pode ser combatida com outra, mais forte e convincente do que ela. De nada adiantaria os colossenses se utilizarem de filosofias, doutrinas de homens e "vãs sutilezas", para combater os hereges.

Não muito diferentemente dos dias em que Paulo escreveu aos colossenses, existem hoje as mais diversas filosofias e pensamentos, desprovidos de qualquer base bíblica. E até mesmo em muitas igrejas, o que se entende por doutrina é na verdade uma interpretação equivocada das Escrituras, o que produz as mais variadas heresias, até mesmo com uma aparência de verdade. Porém, quando estes ensinos são confrontados pela Palavra de Deus, seus propagadores não podem dizer "está escrito", e, quando o dizem, forçam a interpretação dos textos bíblicos para conformá-los a idéias preconcebidas. Há, por exemplo, quem ensine que só é salvo quem já nasce predestinado; contudo, a Bíblia diz que para Deus não há acepção de pessoas (Dt 10.17; 2 Cr 19.7; At 10.34; Rm 2.11; Ef 6.9). Se há predestinação, ela só pode ser relativa, e não absoluta. Há quem ensine ainda que a salvação somente é obtida através da prática da caridade, ou das boas obras. A Bíblia, no entanto, contraria tal doutrina (Ef 2.8,9; Jo 5.24). Se não houver o confronto cuidadoso com as Escrituras, todo e qualquer ensino, arquitetado e bem elaborado, pode parecer verdadeiro.

6. "Crescendo em ação de graças" (2.7d)

Os colossenses eram exortados, na carta de Paulo, a desenvolverem a prática da ação de graças a Deus por sua vida, edificada e arraigada na fé em Cristo Jesus. Em 1.12, o apóstolo já lhes havia convocado a ser gratos a Deus por serem idôneos e "participantes da herança dos santos na luz"; em 3.15 e 4.2, essa convocação é feita uma vez mais. Sem dúvida alguma, essa ênfase na ação de graças é um reforço que o apóstolo emprega em sua linguagem para mostrar o valor dessa atitude, de elevado sentido cristão. Diante das imensuráveis riquezas que Deus coloca à disposição de cada um de seus servos, nada justifica uma atitude de ingratidão. A ação de graças deve ser uma prática diária do viver do discípulo de Jesus. É de Paulo a maioria das exortações sobre esse dever, como se pode constatar em diversas referências. "Porque tudo isso é por amor de vós, para que a graça, multiplicada por meio de muitos, torne abundante a ação de graças, para glória de Deus" (2 Co 4.15); "... as vossas petições sejam em tudo conhecidas diante de Deus, pela oração e súplicas, com ação de graças" (Fp 4.6; ver também I Ts 3.9).

A vida cristã não pode ser um exercício de aparências. Ela deve ser fruto de uma fé sólida, arraigada e edificada na rocha, que é Cristo, nosso Senhor e Salvador. Paulo empreendeu um "verdadeiro combate" para que seus discípulos em Colossos fossem fortalecidos em seu viver, na igreja do Senhor. Diante das heresias, os crentes fracos, pouco alimentados com a Palavra de Deus, são presas fáceis dos adeptos das heresias. No entanto, mediante o ensino genuíno da Bíblia Sagrada, tanto as crianças como os adolescentes, jovens e adultos, todos podem ser abençoados no crescimento na graça e no conhecimento do Senhor Jesus.

---

1 CHAMPLIN, Russel Norman. *O Novo Testamento Interpretado*, vol. 6, p. 429.

2 *Dicionário Michaelis.*

Capítulo 6

O Cuidado com os Falsos Ensinos

Colossenses 2.8-15

"Tende cuidado para que ninguém vos faça presa sua, por meio de filosofias e vãs sutilezas, segundo a tradição dos homens, segundo os rudimentos do mundo e não segundo Cristo" (Cl 2.8).

Os falsos ensinos são apresentados com enganos e disfarces, com aparência de verdade, de maneira sutil, às vezes agradável, e não raro com ilustrações bem produzidas. Haja vista a forma pela qual a teoria da evolução é ilustrada em mapas, quadros, *slides* e transparências. O homem é apresentado graficamente como sendo um tipo de macaco, que vai evoluindo até chegar ao nível biológico atual, mais aperfeiçoado. Tudo, porém, não passa de engano e falso ensino. Mas a forma sutil com que é apresentada essa teoria leva muitos à descrença em Deus. As filosofias também são usadas de forma eloqüente, crítica e, muitas vezes, de modo desrespeitoso contra Deus. Só a Palavra de Deus, corretamente interpretada, pode eliminar o efeito das heresias. Por isso, é por demais necessário que haja muito cuidado com os falsos ensinos, que são travestidos de verdade. Os colossenses receberam solene advertência contra as seitas e as heresias de seu tempo.

Os ritos do judaísmo, como a circuncisão e a preocupação com as leis higiênicas e alimentares, ao que tudo indica, foram incorporados à filosofia gnóstica. O despojamento da carne passou a ser muito valorizado, muito mais do que a "circuncisão de Cristo", que é espiritual, interior, na alma e no espírito. Da mesma forma, o batismo espiritual, através do qual o homem é imerso no corpo de Cristo, que é a Igreja, estava sendo substituído por outros ritos de iniciação, ou de passagem, puramente místicos, levando as pessoas a um culto estranho, voltado para os elementos da natureza, numa competição diabólica contra o Cristo encarnado, o Emanuel, o "Verbo" que "se fez carne e habitou entre nós".

Paulo enfrentou os ataques heréticos contra seus discípulos colossenses fazendo uso da argumentação bíblica, numa linguagem apropriada àquele tipo de combate espiritual. Utilizou uma linguagem bem conhecida pelos crentes em Jesus, demonstrando que, na batalha espiritual, Cristo era o grande vencedor, pois não só derrotou os inimigos, liderados por Satanás, mas os venceu, "despojando os principados e potestades", e "os expôs publicamente e deles triunfou em si mesmo" (Cl 2.15).

I – As "Filosofias e Vãs Sutilezas"

"Tende cuidado para que ninguém vos faça presa sua, por meio de filosofias e vãs sutilezas" (2.8a).

I. As filosofias

Embora a Epístola aos Colossenses não seja explícita quanto ao que era ensinado pelos hereges gnósticos, como vimos no capítulo primeiro — do confronto entre o texto bíblico e o fundo histórico, sobre o qual se apresentavam os falsos ensinos —, pode-se concluir que o gnosticismo era realmente uma grande ameaça à fé cristã, deixada por Jesus em seu evangelho e proclamada por seus apóstolos, nos Atos e nas epístolas.

Paulo não combatia a filosofia propriamente dita. Esta, embora ciência de homens, servia de estímulo à busca da verdade. A filosofia (gr. *philosophia*), no sentido geral, não era o alvo do combate do apóstolo. Ele combatia aquela "vã filosofia" particular, que era usada para propagar os falsos ensinos do gnosticismo. Para que se tenha uma idéia de quanto era perigosa aquela forma de pensamento herético basta que se destaquem alguns de seus ensinos. Os gnósticos ensinavam, dentre outras heresias, as seguintes idéias:

a) Jesus não era humano

Assim ensinavam, pois, para sua "filosofia", o corpo, sendo matéria, era mau, e Cristo, sendo um ser celestial, jamais poderia encarnar, assumindo um corpo humano. Essa heresia é a base da doutrina do Anticristo, que afirma que Jesus não veio em carne (em corpo humano), conforme diz João: "e todo espírito que não confessa que Jesus Cristo veio em carne não é de Deus; mas este é o espírito do anticristo, do qual já ouvistes que há de vir, e eis que está já no mundo" (I Jo 4.3). "Porque já muitos enganadores entraram no mundo, os quais não confessam que Jesus Cristo veio em carne. Este tal é o enganador e o anticristo" (2 Jo 7). Hoje, as seitas com fundamento gnóstico continuam afirmando que Jesus não passou de um "iluminado", ou de mais um entre outros líderes religiosos.

b) Jesus não morreu na cruz

Segundo os gnósticos, a salvação de Jesus não ocorreu mediante o seu sacrifício na cruz. Aquela morte, para eles, foi apenas aparente. A salvação de Cristo não foi "baseada na fé nem nas obras, mas num conhecimento especial ou *gnose* da própria condição".[1] O meio para a salvação, segundo eles, era o conhecimento secreto que diziam possuir, e que só estaria ao alcance de alguns iniciados. A logosofia, a gnosiologia e a teosofia, todas baseadas na *gnosis* (conhecimento), pregam a mesma coisa. Negar a encarnação de Cristo, e sua morte, é negar a própria base da fé salvífica, emanada dos Evangelhos. A Nova Era é a mistura mais completa desse tipo de ensino herético. A Bíblia é incisiva e clara quanto à morte redentora de Jesus. Dizem as Escrituras: "Mas Deus prova o seu amor para conosco em que Cristo morreu por nós, sendo nós ainda pecadores" (Rm 5.8).

c) Jesus não ressuscitou

Para os gnósticos, como Cristo não encarnou e nem morreu, também não ressuscitou de fato. O que houve, segundo seus falsos ensinos, foi apenas uma "ressurreição espiritual". No código que contém ensinos gnósticos, encontrado em Nag Hammadi, no Egito, em 1945, está escrito que "O salvador tragou a morte ... Pois transformou-se em um *aeon* incorruptível, e levantou-se, depois de ter tragado o visível através do invisível, e nos deu o caminho para a imortalidade.... Isso é a ressurreição espiritual que traga o psíquico junto com o carnal".[2] Pode-se perceber nessa afirmação a "sutileza" do ensino herético. Parece consistente, usando uma expressão filosófica, mas não passa de ensino falso, com base em premissas enganosas, de inspiração anticristã. Como se vê, a heresia gnóstica era muito perigosa à fé dos colossenses. Paulo, em outro texto, afirma, em defesa da fé cristã: "Porque, se cremos que Jesus morreu e ressuscitou, assim também aos que em Jesus dormem Deus os tornará a trazer com ele" (I Ts 4.14); "Quem os condenará? Pois é Cristo quem morreu ou, antes, quem ressuscitou dentre os mortos, o qual está à direita de Deus, e também intercede por nós" (Rm 8.34).

d) Livros heréticos

Diversos livros apócrifos foram encontrados, contendo ensinos gnósticos. Dentre eles, surgiram o *Evangelho de Tomé*, o *Evangelho de Maria Madalena*, *Atos de Pedro*, o *Evangelho da Verdade*, a *Sofia de Jesus*,[3] todos contendo ensinos divergentes dos quatro Evangelhos, incluídos no cânon do Novo Testamento. No *Evangelho de Tomé* há "114 afirmações secretas de Jesus... retrata o gnosticismo do século II. O *Evangelho de Tomé* é influenciado pelo tipo de gnosticismo predominante no século II. Por exemplo, afirma que Jesus disse estas palavras improváveis e humilhantes: 'Toda mulher que se fizer homem entrará no Reino dos céus".[4] Mais uma vez, é Paulo quem dá a orientação certa para que se evitem as heresias, contidas nesse tipo de literatura. "Mas, ainda que nós mesmos ou um anjo do céu vos anuncie outro evangelho além do que já vos tenho anunciado, seja anátema" (Gl 1.8).

e) As pessoas, em sua maioria, são ignorantes quanto à sua origem e condição

Com essa presunçosa idéia, os gnósticos pregavam que só se poderia conhecer a verdade sobre a criação, a origem do homem, sua natureza e seu futuro, através da *gnosis.* E esta só estaria ao alcance dos que se aprofundassem no estudo do conhecimento de sua filosofia, considerada apropriadamente como "vã filosofia" por Paulo. O apóstolo combatia esse tipo de "filosofia", que levou os gnósticos a uma verdadeira "filosofolatria — a adoração da filosofia e a prática de rituais enganosos. Tais idéias são vãs e vazias, porque nem sequer contêm a verdade".[5]

2. As "vãs sutilezas"

Os ensinos dos gnósticos envolvem argumentos filosóficos sutis, que podem levar os incautos ao caminho do erro e do desvio doutrinário. Esses combinam elementos da filosofia, da astrologia, de religiões orientais, do judaísmo e alguns ensinos cristãos. Numa perigosa mistura de ensinos ditos espirituais, as heresias gnósticas têm afastado muitos da verdade do evangelho de Cristo. Paulo alertou os colossenses quanto a esse tipo de sutilezas. Tais ensinos eram tão enganosos, que adotavam uma certa moralidade dúbia e mistificadora.

a) A libertinagem exaltada

Carpócrates e Epifânio, seu filho, pensadores que representavam uma corrente libertina dos gnósticos, ensinavam que "a libertinagem era a lei de Deus",[6] incentivando a promiscuidade e a depravação sexual e moral.

b) O ascetismo exaltado

Por outro lado, havia uma corrente que defendia a ascese, incentivando os adeptos a viverem de modo bem sóbrio, longe dos prazeres da carne. Na área sexual, havia uma forte doutrinação, visando a busca da abstinência das práticas sexuais. Ensinavam que "a criação da mulher era a fonte de todo o mal e a procriação de filhos só multiplicava o número de pessoas escravizadas pelo mundo material. A salvação das mulheres dependia de um dia se tornarem homens e voltarem às condições do Éden antes de Eva ser criada".[7] Não pode haver maior sutileza do que essa em matéria de explicação quanto à origem do mal, atribuindo à mulher a causa de toda a maldade na face da terra. Mas, segundo historiadores, havia mulheres à frente de muitos grupos gnósticos. Tudo indica que o Diabo, assim como fez com Eva, continua a ter a mulher como alvo predileto de suas sutilezas, aproveitando-se da sensibilidade feminina pelas coisas ocultas, despertando-lhes a sua natural curiosidade.

O ascetismo chegou a motivar exemplos absurdos, como o de um homem que viveu muitos anos morando sobre uma pilastra, e que se alimentava com a ajuda de pessoas, que faziam o alimento lhe chegar através de uma cesta. Os monges, na Idade Média, também seguiram essa idéia, afastando-se do "mundo" para terem uma vida mais santa. Hoje, muitas religiões adotam de uma forma ou de outra algum tipo de ascese, com o objetivo de manter seus fiéis longe da pecaminosidade. Mas o evangelho de Cristo não prega a ascese, que isola seus seguidores das pessoas em geral, pelo fato de viverem no pecado. Pelo contrário. Jesus afirmou que os cristãos são o "sal da terra" e a "luz do mundo". Para ser sal, e fazer efeito, o cristão precisa estar no meio da "comida", ou seja, do mundo, no meio das pessoas, para lhes transmitir o "sabor", ou a influência poderosa do evangelho de Cristo. Para ser luz, o discípulo de Cristo não pode estar debaixo de um alqueire, mas "no velador", isto é, numa posição que lhe permita transmitir a luz do evangelho aos pecadores.

Jesus andava entre os pecadores e comia com eles; pousou na casa de um coletor de rendas defraudador; deixou-se lavar os pés e enxugá-los por uma mulher pecadora; entrou nas sinagogas dos judeus; andou à beira-mar com os pescadores e lhes pregou mensagens excelentes acerca da salvação, por meio de parábolas ou de discursos diretos, sempre no meio da multidão. Seguramente, o cristianismo não é ascético. É profundamente envolvido com as pessoas a quem o evangelho é destinado. O que Cristo pregou, e igualmente seus apóstolos, foi a santificação, ou o afastamento do pecado, e não das pessoas a quem o evangelho precisa ser levado.

II – A Tradição dos Homens e os Falsos "Rudimentos do Mundo" (2.8b)

I. "A tradição dos homens"

Em sua defesa do evangelho, Paulo referiu-se aos ensinos dos homens, que não observavam a doutrina de Cristo, considerando-os "tradição dos homens". Ele advertiu os colossenses que não se fizessem presa de tais ensinos. Não só na época em que foi escrita a epístola, mas, há muito tempo, existe em curso todo um movimento filosófico, chamado humanismo, que coloca o homem no centro de tudo, excluindo a Palavra de Deus, e o próprio Deus, de suas conjecturas. Segundo nota explicativa da Bíblia de Estudo Pentecostal (BEP), "Hoje, uma das maiores ameaças teológicas contra o cristianismo bíblico é o 'humanismo secular', que se tornou a filosofia de base e a religião aceita em quase toda educação secular, e é o ponto de vista aprovado na maior parte dos meios de comunicação e diversão no mundo inteiro".[8]

2. O que ensina o humanismo

Segundo essa filosofia, que inclui a "tradição dos homens" a que se referia Paulo, o homem e o universo são apenas originários de energia que se transformaram em matéria, por obra do acaso. É filosofia irmã do evolucionismo biológico. Nega a existência de um Deus pessoal e infinito; "nega ser a Bíblia a revelação inspirada de Deus à raça humana". Para o humanismo, o homem é seu próprio deus; o homem pode melhorar e evoluir, segundo tais preceitos, através da "educação, redistribuição econômica, psicologia moderna ou sabedoria humana". O humanismo é relativista, pois "crê que padrões morais não são absolutos, e sim relativos e determinados por aquilo que faz as pessoas sentirem-se felizes, que lhes dá prazer... ensina que o homem não deve ficar preso à idéia de Deus". De acordo com a Bíblia, os humanistas estão entre aqueles que "mudaram a verdade de Deus em mentira e honraram e serviram mais a criatura do que o Criador" (Rm 1.25). Além das "filosofias" e "vãs sutilezas", Paulo alertava os colossenses contra o perigo do humanismo, que lhes seduzia para se afastarem de Deus e colocarem o homem no centro de todas as coisas.

3. "Os rudimentos do mundo" (2.8c)

Esta expressão, na carta de Paulo, tem diversas interpretações. No grego, há o termo *stoicheia,* que tem o significado de algo que se coloca em série, à semelhança das letras do alfabeto. No texto, a expressão "rudimentos do mundo" (*stoicheia tou kosmou*), equivale aos "princípios do mundo", ou ao "ABC" do mundo, ou "coisas postas em linha" ou "os rudimentos de qualquer matéria, e gradativamente chegou a ser aplicada aos elementos do universo físico".[9] Mas há traduções mais complexas, que dão a entender que a expressão refere-se aos "espíritos elementares do universo", ou espíritos que controlariam o universo. Como o gnosticismo pregava que as coisas criadas e os seres vivos eram originários de "emanações" divinas, chamadas *aeons*, certamente Paulo fazia menção em sua carta dessa idéia herética, que colocava Cristo no mesmo nível desses falsos elementos considerados divinos.

Para os gnósticos, as substâncias de que são formados "o mundo, a terra, o ar, o fogo e a água, seriam possuidoras de vida, isto é, toda a matéria seria realmente 'animada'; e então, por um processo de rarificação e condensação, tudo quanto existe, animado ou inanimado (segundo nossos termos modernos), veio à existência".[10] Dentro dessa idéia esoterista, muito comum nos preceitos do movimento da Nova Era, o sol, a lua, as estrelas e outros astros são deuses, e devem ser adorados. Para os gnósticos, os planetas seriam lugares de habitação dos espíritos, ou das *stoicheia*. Nesse aspecto, os gnósticos equiparavam-se aos adeptos do espiritismo e da astrologia. Assim, os colossenses estavam ameaçados por um falso ensino, que defendia a adoração a outros elementos da natureza, além de Cristo.

Segundo pregavam os gnósticos, a humanidade seria dividida em três grupos: "1) hiléticos ou incrédulos, que estavam imersos na natureza material e carnal; 2) cristãos psíquicos ou comuns, que viviam pela fé e atividades pneumáticas; 3) gnósticos ou espirituais".[11] Observe-se que os cristãos seriam para os gnósticos adoradores de segunda categoria. Eles consideravam-se em grau superior, por causa dos conhecimentos secretos (*gnosis*) que julgavam possuir. O apóstolo os advertiu para que não fossem presa desse tipo de ensinamento perigoso. Ralph Martin considera que tais *stoicheia*, ou "rudimentos do mundo", são "poderes demoníacos", que seriam "rivais de Cristo, pois procuravam tomar o lugar único e legítimo como centro da adoração verdadeira, que é o Senhor Jesus".[12]

4. A plenitude da divindade

> *"porque nele habita corporalmente toda a plenitude da divindade"* (2.9).

Enquanto os hereges criam que a divindade se apresentava através de "emanações", dos *aeons*, Paulo ministrava aos colossenses que, em Cristo, "habita corporalmente toda a plenitude da divindade". Tendo em vista a preeminência de Cristo sobre todos os seres, visíveis e invisíveis, anjos ou demônios, homens ou animais, ninguém precisa recorrer a qualquer outro ser, em busca da divindade. Todas as religiões que não pregam a Cristo como centro de seus ensinos e da verdadeira adoração estão incorrendo em grave erro, e desviando seus adeptos do verdadeiro caminho para Deus. NEle, a divindade é infinita e absoluta. Não sobra nada para qualquer outro ser que pretenda usurpar-lhe o direito à adoração. Só Ele — Cristo — é Deus, na unidade com o Pai e o Espírito Santo. Em relação ao homem, o Deus encarnado é Cristo, o Emanuel (Mt 1.23). Ele é o Verbo, ou o *Logos*, que se fez homem para libertar o homem do poder do pecado. Diz o apóstolo João: "E o Verbo se fez carne e habitou entre nós, e vimos a sua glória, como a glória do Unigênito do Pai, cheio de graça e de verdade" (Jo 1.14). E, como nEle habita toda a plenitude (gr. *pleroma*) da divindade, Paulo fez ver aos colossenses que não necessitavam de qualquer outra fonte da revelação de Deus. Uma vez que conheceram a Cristo, conheceram toda a fonte da revelação divina, toda a fonte do poder que emana de Deus.

5. A perfeição do crente (2.10)

Cristo não só encerra "toda a plenitude" de Deus, mas também faz com que seus seguidores vivam em plenitude ou perfeição espiritual. Diz Paulo: "E estais perfeitos nele, que é a cabeça de todo principado e potestade". Deduz-se, assim, que a plenitude ou perfeição do crente não decorre de sua própria condição, humana, terrena e mortal, mas de sua comunhão com Cristo: a razão dessa perfeição é estar "nEle". Desligado de Cristo, o cristão não passa de mera criatura, semelhante a qualquer outro ser humano. Em Cristo, no entanto, na íntima comunhão com o Salvador, o pecador remido passa da posição de criatura para a de filho de Deus (cf. Jo 1.12). Jesus exortou seus seguidores a serem perfeitos, dizendo: "Sede vós, pois, perfeitos, como é perfeito o vosso Pai, que está nos céus" (Mt 5.48). E isso só é possível se Cristo estiver espiritualmente em cada um, e cada um em Cristo: "Eu neles, e tu em mim, para que eles sejam perfeitos em unidade..." (Jo 17.23a). E Paulo justifica a posição de Cristo, único merecedor de adoração, pelo fato de ser Ele "a cabeça de todo principado e potestade" (2.10b).

III – A Verdadeira Circuncisão e o Verdadeiro Batismo (2.11-15)

1. A circuncisão na carne

A circuncisão era um rito que tinha alto significado entre os judeus. Foi o sinal do pacto que Deus estabeleceu com Abraão, a ser observado pela sua descendência: "Este é o meu concerto, que guardareis entre mim e vós e a tua semente depois de ti: Que todo macho será circuncidado. E circuncidareis a carne do vosso prepúcio; e isto será por sinal do concerto entre mim e vós. O filho de oito dias, pois, será circuncidado; todo macho nas vossas gerações, o nascido na casa e o comprado por dinheiro a qualquer estrangeiro, que não for da tua semente" (Gn 17.10-12). Era a circuncisão da carne visível no corpo de todo israelita que se submetia ao concerto com Deus.

2. A circuncisão de Cristo

Provavelmente, os gnósticos haviam incorporado em suas doutrinas essa prática, tomando-a num sentido legalista ou indispensável para a salvação. Os judeus e os prosélitos por certo tinham em mente que a circuncisão estabelecida no Antigo Testamento, como sinal do pacto de Deus com Abraão, ainda era necessária. Paulo sentiu a necessidade de dar uma orientação sobre o significado espiritual da circuncisão no contexto da visão cristã. Em Atos dos Apóstolos, vemos que os que se converteram ao cristianismo ainda sentiam a força do legalismo judaico. "Então, alguns que tinham descido da Judéia ensinavam assim os irmãos: Se vos não circuncidardes, conforme o uso de Moisés, não podeis salvar-vos" (At 15.1). Pedro teve de enfrentar a oposição dos "da circuncisão" (At 11.2). Enquanto a circuncisão judaica era na carne, a circuncisão de Cristo tinha um sentido espiritual muito elevado, e nada tinha a ver com o corpo em si, mas com a alma, no ser interior. Paulo exortou-os, dizendo: "no qual também estais circuncidados com a circuncisão *não feita por mão no despojo do corpo da carne*: a circuncisão de Cristo" (2.11, ênfase do autor).

A "circuncisão de Cristo" era espiritual. O despojo não era da carne, mas do espírito. Para Paulo, o verdadeiro judeu, ou israelita, não era o circuncidado na carne. Disse ele aos romanos: "Porque não é judeu o que o é exteriormente, nem é circuncisão a que o é exteriormente na carne. Mas é judeu o que o é no interior, e circuncisão, a que é do coração, no espírito, não na letra, cujo louvor não provém dos homens, mas de Deus" (Rm 2.28,29). A "circuncisão de Cristo" é , portanto, a que "é no interior", "a que é do coração, no espírito". E significa o despojamento "do velho homem", "do corpo do pecado" (cf. Rm 6.6), ou do "corpo desta morte" (cf. Rm 7.24). No momento em que há uma verdadeira conversão do pecador a Cristo, quando este abandona o pecado, deixando os velhos pensamentos e as velhas inclinações, ele passa pelo processo da "circuncisão de Cristo", através da qual é nascido de novo, uma nova criatura (cf. 2 Co 5.17). "O crente segundo o concerto do NT passou por uma circuncisão espiritual, a saber: o despojar 'do corpo da carne'. Trata-se de um ato espiritual, mediante o qual Cristo remove nossa velha criação irregenerada e rebelde contra Deus, e nos comunica a vida espiritual ou ressurreta de Cristo (vv. 12,13); é uma circuncisão do coração (Dt 10.16; 30.6; Jr 4.4; 9.26; Rm 2.29)."[13]

3. O verdadeiro batismo

> *"Sepultados com ele no batismo, nele também ressuscitastes pela fé no poder de Deus, que o ressuscitou dos mortos" (2.12).*

À semelhança do ensino sobre a "circuncisão de Cristo", que é eminentemente espiritual, Paulo dá ênfase ao "batismo espiritual", através do qual somos "sepultados com ele no batismo", e nEle também ressuscitamos "pela fé no poder de Deus, que o ressuscitou dos mortos". Com esse ensino, não se deve ter a idéia de que o batismo em águas é um sacramento, conforme o ensino católico romano. É uma ordenança, ao lado da Santa Ceia, mas não tem função salvífica. Representa de fato a identificação do crente com Cristo, em sua morte, e em sua ressurreição. Na imersão, têm-se o simbolismo da morte, à semelhança de Cristo. Na emersão, têm-se o simbolismo da ressurreição para uma nova vida com Cristo. Ao escrever aos colossenses, Paulo falava não do batismo em águas, mas do batismo espiritual, através do qual somos imersos no corpo de Cristo, que é a Igreja.

Escrevendo aos romanos, Paulo esclareceu de modo enfático o significado do batismo "em Cristo": "Ou não sabeis que todos quantos fomos batizados em Jesus Cristo fomos batizados na sua morte? De sorte que fomos sepultados com ele pelo batismo na morte; para que, como Cristo ressuscitou dos mortos pela glória do Pai, assim andemos nós também em novidade de vida. Porque, se fomos plantados juntamente com ele *na semelhança da sua morte,* também o seremos na da sua ressurreição" (Rm 6.3-5, ênfase do autor). O batismo "em Cristo" tem um significado espiritual profundo. No pecado, o homem é considerado morto para Deus. Na conversão, ele é regenerado (2 Co 5.17), passa pela "circuncisão de Cristo" e, ao mesmo tempo, é batizado "em Cristo". Esse batismo espiritual é confirmado, publicamente, mediante a profissão de fé, quando da realização do batismo em águas, "em nome do Pai, e do Filho, e do Espírito Santo" (Mt 28.19).

4. A verdadeira salvação

Quando da verdadeira conversão, através da vida que Cristo lhe infunde, o crente é ressuscitado espiritualmente. Paulo lembra a situação em que os colossenses se encontravam, que é a situação de todo pecador, antes do encontro vivificador com Jesus. Nesse encontro, o pecador é ressuscitado, regenerado e justificado por Cristo. Diz o apóstolo: "E, quando vós estáveis mortos nos pecados e na incircuncisão da vossa carne, vos vivificou juntamente com ele, perdoando-vos todas as ofensas" (2.13). Essa justificação por Cristo é tão eficaz, que o passado de condenação é totalmente anulado, pois tudo o que havia contra o pecador, em sua vida pregressa, é apagado por Jesus. Diz Paulo que ele riscou "a cédula que era contra nós nas suas ordenanças, a qual de alguma maneira nos era contrária, e a tirou do meio de nós, cravando-a na cruz" (2.14). Agora, os colossenses não precisavam mais preocupar-se com a busca de outros salvadores ou salvadoras, pois a salvação em Cristo é plena e eficaz. Sua eficácia alcança toda a existência do homem, desde que ele não se afaste da comunhão com o Senhor, desviando-se para outros (falsos) deuses. O apóstolo João registrou no seu Evangelho o resumo dessa eficácia salvífica de Cristo, que disse: "Na verdade, na verdade vos digo que quem ouve a minha palavra e crê naquele que me enviou tem a vida eterna e não entrará em condenação, mas passou da morte para a vida" (Jo 5.24).

IV – A Vitória sobre os Poderes do Mal

Além de regenerar o homem, ressuscitando-o da morte espiritual e lhe dando nova vida, Cristo garantiu a vitória ao cristão sobre todas as forças e poderes malignos, quando de sua morte no Calvário. Diz Paulo: "E, despojando os principados e potestades, os expôs publicamente e deles triunfou em si mesmo" (2.15). Após riscar a cédula de acusação, que era contra nós, e cravá-la na cruz, Jesus assegurou retumbante vitória sobre as forças satânicas. Uma vez salvos em Cristo, podemos fortalecer-nos no Senhor e ficar firmes, revestidos da "armadura de Deus", para lutar "contra os principados, contra as potestades, contra os príncipes das trevas deste século, contra as hostes espirituais da maldade, nos lugares celestiais" (Ef 6.12), e vencê-los pelo poder de Deus em nossas vidas. Esse triunfo do crente é-lhe concedido porque Jesus venceu todos os poderes do mal, "despojando os principados e potestades, os expôs publicamente e deles triunfou em si mesmo" (2.15).

A vitória de Cristo sobre as forças malignas não foi apenas no plano cósmico, invisível, mas foi uma retumbante vitória diante dos anjos, dos demônios e diante dos homens. Ao morrer na cruz, Ele deu um brando de vitória, ao exclamar: "Está consumado" (Jo 19.30). Na sua ressurreição, publicamente, diante dos representantes do império dos homens, e diante do império da morte, Jesus levantou-se, glorioso e vencedor, despojando todos os poderes espirituais e humanos. E, assim, assegurou a vitória a todos os que nEle crêem. Paulo enfatizou aos colossenses essa tremenda vitória de Cristo, para que eles tivessem a confiança e a segurança de que não precisavam de anjos, de seres cósmicos (*aeons*) ou de outros poderes para ter a vitória. Só precisavam crer em Cristo e ter comunhão com Ele, para vencerem todas as forças contrárias à sua fé.

---

[1] GEISLER, Norman. *Enciclopédia de Apologética*, p. 375.

[2] Ibid., p. 375.

[3] Ibid., p. 374.

[4] Ibid., p. 320.

[5] PÁTZIA, Arthur G. *Efésios, Colossenses, Filemom*, p. 57.

[6] GEISLER, Norman. *Enciclopédia de Apologética*, p. 375.

[7] Ibid., p. 375.

[8] *Bíblia de Estudo Pentecostal*, nota sobre Colossenses 2.8, p. 1835.

[9] DAVIDSON, F. *O Novo Comentário da Bíblia*, p. 1292.

[10] CHAMPLIN, Russel Norman. *O Novo Testamento Interpretado*, p. 117.

[11] GEISLER, Norman. *Enciclopédia de Apologética*, p. 374.

[12] MARTIN, Ralph P. *Colossenses e Filemom*, p. 90.

[13] *Bíblia de Estudo Pentecostal*, nota sobre Colossenses 2.11, pp. 1835, 1836).

Capítulo 7

Combatendo as Heresias e os Falsos Ensinos

Colossenses 2.16-23

"Ninguém vos domine a seu bel-prazer, com pretexto de humildade e culto dos anjos, metendo-se em coisas que não viu; estando debalde inchado na sua carnal compreensão" (Cl 2.18).

O cristão é chamado por Cristo para ser livre do pecado, do mundo, do Diabo, e de tudo o que era utilizado para prendê-lo ao sistema iníquo que escraviza a alma e o espírito. Mas, muitas vezes, ensinos errôneos e falsos induzem os crentes a viverem apegados a preceitos e normas, que não têm fundamento na Palavra de Deus. Os colossenses, certamente, estavam experimentando a pressão dos hereges, que , a pretexto de humildade, ou de santidade, queriam lhes obrigar a ficar sob o jugo de ordenanças carnais, forjadas para manter seus seguidores presos aos seus ensinos. Em lugar da verdadeira doutrina (gr. *didakê*), que tem origem no evangelho de Cristo, os hereges procuram sobrecarregar os incautos e crédulos com "doutrinas que são mandamentos de homens" (Mc 7.7).

Não é raro encontrarem-se pessoas, nas igrejas locais, que se deixam sobrecarregar de ordenanças, regras e normas que não têm fundamento nas Escrituras Sagradas. Conhecemos o caso de um irmão em Cristo que saía pelas reuniões de oração, chamando as pessoas à frente para serem batizadas com o Espírito Santo, com línguas estranhas, conforme Atos 2 e referências. O argumento que ele utilizava, para que todos atendessem o seu apelo, era o de que quem não fosse batizado com o Espírito Santo não era salvo. E muita gente ficava amedrontada diante de tal afirmação, ouvida de um homem com muitos anos de crente, como o era no caso em apreço. Se as pessoas conhecessem a Bíblia, ou tivessem sido bem doutrinadas, como Paulo doutrinou os irmãos de Colossos, não ficariam preocupadas com aquela "doutrina" que lhes ameaçava com a condenação por não falarem línguas estranhas. Não há base bíblica para isso.

É muito comum, mesmo nos dias presentes, haver quem ameace os cristãos de serem excluídos das igrejas locais aqueles que não cumprem determinadas normas de usos e costumes. Há uma igreja que exige de seus membros um comportamento ascético, a exemplo dos gnósticos, que, se uma pessoa usar óculos esportivo pode ser excluída. Da mesma forma, se a mulher usar um cinto com mais de dois centímetros, também será ré do fogo do Inferno, com a excomunhão dada pela igreja local. A questão dos usos e costumes deve ser levada em conta, para que certos usos e certos costumes não afetem o testemunho cristão que deve ser dado perante o mundo. Mas quaisquer exigências, normas, ou ordenanças, precisam ter fundamento na palavra de Deus. Do contrário, pode-se cair no legalismo, e no fanatismo, que só trazem prejuízo à boa imagem que a comunidade cristã deve ter, como "sal da terra" e "luz do mundo".

I – Exortação Contra o Ascetismo Gnóstico

> *"Portanto, ninguém vos julgue pelo comer, ou pelo beber, ou por causa dos dias de festa, ou da lua nova, ou dos sábados, que são sombras das coisas futuras, mas o corpo é de Cristo"* (2.16,17).

1. Combatendo ordenanças falsas

Após a solene proclamação da vitória de Cristo e de seus servos sobre os poderes malignos, Paulo confronta de modo direto os ensinos sobre o ascetismo gnóstico. Como já sabemos, a pretexto de buscarem uma vida mais santa, que agradasse aos "rudimentos do mundo", ou aos "elementos do universo", que seriam seres celestiais ou divinos, os gnósticos recomendavam, ou até mesmo exigiam, a prática da abstinência de alimentos, de manjares e de prazeres humanos. Sem dúvida, havia uma espécie de policiamento sobre quem não se comportasse segundo as regras ascéticas. O jejum era tido como tendo um valor espiritual elevado, como parte do culto aos poderes cósmicos que deram origem ao universo. Assim, Paulo, negando o valor dessas idéias errôneas, exorta os colossenses que não se deixassem julgar por tais argumentos: "ninguém vos julgue pelo comer, ou pelo beber" (2.16 a).

Segundo Ralph Martin, "Havia várias razões porque a abstinência da comida e da bebida era praticada no mundo antigo. Uma era uma crença na transmigração das almas que levava à idéia de que consumir carne de animais era uma forma de 'canibalismo'. Outro ponto de vista (mais importante neste contexto, à luz do versículo 18) era a importância atribuída ao jejum como prelúdio ao recebimento de uma revelação dos deuses".[1] Não se tratava de uma simples abstenção de alimentos, ou de jejum, com a finalidade de obter uma melhor concentração no momento de orar; era, na verdade, uma mistura de legalismo e ritualismo, no "culto dos anjos", ou no "culto aos anjos". Os gnósticos entendiam que para melhor ter acesso aos poderes cósmicos, deveriam abster-se de alimentos e bebidas.

Sob o ponto de vista genuinamente cristão, a abstenção de alimentos, em determinadas ocasiões, tinha, e ainda tem, seu sentido proveitoso, como recurso auxiliar nos momentos de oração e devoção a Deus. No Antigo Testamento, há exemplos notáveis de homens de Deus que recorreram ao jejum, buscando vitória sobre grandes lutas. O rei Josafá, vendo-se ameaçado por três grandes exércitos, convocou o povo para jejuar e orar. Como resultado, Deus ouviu a oração, e o Espírito do Senhor orientou ao rei, mostrando-lhe uma estratégia inusitada para obter a vitória. Os que cantavam foram colocados à frente do exército, e Deus concedeu extraordinária vitória a seu povo (cf. 2 Cr 20.3-25). Esdras, Neemias, Ester, Davi e outros servos de Deus, obtiveram grandes vitórias, orando e jejuando. Mas o jejum que eles fizeram nada tinha a ver com culto aos poderes do universo, e sim, como uma forma de quebrantamento, perante a face do Senhor, em momentos cruciais em suas vidas.

No Novo Testamento, vê-se, também, a importância do jejum, como recurso auxiliar à oração. Os discípulos não puderam expulsar o demônio de um menino. Jesus, vendo a crítica situação, com uma palavra, expulsou o espírito imundo, e disse aos discípulos que aquela casta só poderia ser expulsa com oração e jejum (Mt 17.21). Cornélio, o centurião romano, orando e jejuando, recebeu importante orientação da parte de Deus (At 10.30). No ministério de Paulo, o jejum fazia parte de sua vida devocional, ante as lutas que tinha a enfrentar, para levar o evangelho aos lugares mais diversos (2 Co 11.27).

Todavia, para os gnósticos, que ameaçavam a Igreja em Colossos, o jejum não era somente um reforço à oração. Era considerado uma prática indispensável para a purificação interior, e uma forma de agradar aos "espíritos elementares do universo". Era uma demonstração de (falsa) humildade, que levava os gnósticos a se orgulharem de sua condição "superior" aos demais homens. Contra eles, Paulo levantou a espada do Espírito, que é a Palavra de Deus. Aqui, cabe uma observação, no que tange ao que o cristão deve valorizar quanto à alimentação. No Antigo Testamento, havia diversas leis higiênicas, ou sanitárias, que visavam livrar os hebreus de terríveis doenças, transmitidas pelos alimentos (cf. Lv 20.25ss). No Novo Testamento, há poucas recomendações a respeito do que comer ou beber, assegurando maior liberdade quanto ao uso dos alimentos. Os judeus procuravam perturbar os novos convertidos ao cristianismo, exigindo que os mesmos cumprissem rigorosamente os preceitos alimentares da lei de Moisés.

Os líderes da Igreja Primitiva, então, deram orientação apropriada sobre o assunto. Tiago levantou a voz, e disse: "Pelo que julgo que não se deve perturbar aqueles, dentre os gentios, que se convertem a Deus, mas escrever-lhes que se abstenham das contaminações dos ídolos, da prostituição, do que é sufocado e do sangue" (At 15.19,20). Assim, a recomendação dos apóstolos quanto à alimentação envolvia não só a abstenção de comidas, mas, antes de tudo, da adoração a ídolos e comportamento moral reprovável. E tudo isso, visando agradar a Deus, a Cristo, e ao Espírito Santo, e, nunca, a anjos, ou a outros seres celestiais.

2. Combatendo a escravidão a dias especiais (2.16b).

O povo de Deus, no Antigo Testamento, tinha um calendário rico, voltado para a observância de dias e festas especiais. Mas todo o calendário das festas de Israel, da Páscoa, do Pentecostes, dos Tabernáculos, etc., tinha por objetivo agradecer a Deus pelas bênçãos concedidas à nação israelita. Os gnósticos exigiam a guarda de dias especiais como forma de manter as pessoas dominadas pelas ordenanças e vãs "filosofias" que ensinavam. Essa observância de "dias de festa, ou da lua nova, ou dos sábados", fazia parte do regulamento imposto pelos doutrinadores heréticos. Presos pelas práticas do ascetismo, das "sutilezas", da falsa humildade, que exigia abstinência alimentar, e observando a guarda de dias especiais, os gnósticos queriam repassar aos cristãos esse tipo de opressão espiritual. Certamente, tinham absorvido essas idéias do judaísmo escravizante.

A guarda de dias de festa, ao lado dos sacrifícios exigidos pela lei, tinha razão de ser, antes da vinda de Cristo. Fazia parte do culto, e dos sacrifícios, na antiga aliança, os quais eram "sombra das coisas celestiais" (Hb 8.5), ou "uma alegoria para o tempo presente" (Hb 9.9), ou, ainda "a sombra dos bens futuros e não a imagem exata das coisas" (Hb 10.1). Em sua carta aos colossenses, Paulo assevera que esses "dias de festa", "da lua nova, ou dos sábados", "são sombras das coisas futuras, mas o corpo é de Cristo" (2.17). Sendo assim, os cristãos não precisavam mais ficar presos a essas ordenanças, que eram sombras, ou tipos de Cristo, o antítipo, ou a realidade trazida à história. A vida cristã liberta o crente de qualquer calendário escravizante, inclusive da guarda dos sábados, que era um concerto especial e perpétuo de Jeová com o povo de Israel (cf. Êx 31.13; Dt 5.12; Ez 20.12).

II – Combatendo as Falsas Ordenanças

> *"Ninguém vos domine a seu bel-prazer, com pretexto de humildade e culto dos anjos, metendo-se em coisas que não viu; estando debalde inchado na sua carnal compreensão"* (2.18).

1. A falsa humildade

Uma das características de muitos movimentos heréticos é passar a exigir de seus seguidores um comportamento pretensamente humilde, com a imposição de certas regras e costumes, sem o fundamento doutrinário verdadeiro. Os gnósticos, além de exigirem a observância de dias e datas especiais, e da abstinência de certos alimentos, impunham aos seus seguidores uma falsa humildade. No grego, humildade é *tapeinophrosuné*, normalmente utilizada, no Novo Testamento, no sentido genuíno do despojamento que deve caracterizar um servo, ou serva, de Deus. Mas os hereges utilizavam o pretexto da humildade para escravizar as pessoas, dominando-as "a seu bel-prazer", a fim de manterem-nas sob suas rígidas regras ascéticas. Isso porque se consideravam superiores aos "outros", aos "cristãos comuns". Esse tipo de humildade é presunçosa. É paradoxal e incoerente com a própria razão de ser dessa qualidade que identifica aquele que é simples, sóbrio e abnegado. A humildade cristã não é hipócrita e confusa. É real e libertadora.

2. O falso culto aos anjos

Os crentes de Colossos estavam sendo induzidos a envolverem-se num culto estranho, de natureza mística e esotérica. Era o "culto aos anjos". Como se sabe pela Palavra de Deus, os anjos são seres celestiais, criados por Deus, a quem são dadas diversas missões. Anjos apareceram ao patriarca Ló, avisando-lhe da destruição das cidades ímpias de Sodoma e Gomorra (Gn 19.15); Jacó teve uma deslumbrante visão de anjos quando pernoitava no deserto (Gn 28.12). Eles têm importante papel em relação aos servos de Deus. Acampamse ao redor dos que servem a Deus (Sl 34.7; 91.11); livram os servos do Senhor (Dn 3.28; 6.22); dirigem no caminho a seguir (Mt 1.20); anunciaram o nascimento de Jesus (Lc 2.13); são enviados a favor dos servos de Deus (Hb 1.14); louvam a Deus (Sl 148.2). Mas os anjos não são perfeitos, nem merecem adoração ou culto. Diz Paulo: "Não sabeis vós que havemos de julgar os anjos?" (I Co 6.3a)

Conforme Colossenses 2.18, havia um certo tipo de "culto dos anjos", que deveria ser uma mistura de falsos ensinos judaicos com idéias ou doutrinas pagãs. Anjos são criaturas, e não devem ser adorados. Mas os gnósticos entendiam que eles faziam parte dos "espíritos elementares do universo". Diz Ralph Martin: "A dificuldade aqui é saber como interpretar a frase: é 'prestar culto aos anjos' ou 'o culto dirigido ou praticado pelos anjos' que é repreendido? [...] De alguma maneira, a veneração deve ter sido pregada aos anjos como parte do aparato ritual desta religião".[2] É o entendimento mais apropriado o de que havia de fato um tipo de adoração aos seres celestiais, criados por Deus. O culto aos anjos era uma mistura de judaísmo com princípios de religiões místicas orientais. Era um culto que escravizava. O culto a Deus é libertador. Adorando ao Senhor, o homem encontra a verdadeira paz, a alegria genuína do Espírito Santo e a segurança espiritual de que necessita para viver bem neste mundo de engano e mistificações.

Nos dias presentes, o "culto aos anjos" está em moda. Na mídia, há uma verdadeira avalanche de propaganda desse "culto" falso. Há inúmeros livros, escritos por autores famosos, descrevendo "o papel" dos anjos. Lamentavelmente, também há igrejas evangélicas que entraram por esse caminho, atribuindo aos anjos uma missão que não lhes foi conferida. Em certos lugares, os crentes estão mais voltados para os anjos do que para Deus. A exemplo do que ocorre com religiões espiritistas, há até quem ponha uma cadeira, no púlpito, para que um anjo desça e sente-se para poderem iniciar o culto. Existem líderes que dizem falar com os anjos, diariamente, recebendo instruções e orientações especiais. Os anjos podem aparecer, sim, em ocasiões especiais. Mas não existe base bíblica para afirmar-se que eles estão por aí, dirigindo cultos, revelando "segredos" de Deus. Toda a revelação necessária e suficiente para que o homem e a Igreja saibam como relacionar-se com Deus já foi devidamente proclamada, através das Sagradas Escrituras. O plano de Deus para a salvação da humanidade já foi trazido por Cristo. Não há necessidade de uma "terceira" revelação, como pretendem os espíritas; ou uma "quarta" revelação, como o querem alguns pretensiosos líderes religiosos. A exemplo do que ocorria em Colossos, há grande necessidade de alertar-se os crentes para que não se deixem dominar por esse tipo de "filosofias" e "vãs sutilezas".

3. As falsas visões (2.18b)

Paulo alertava os colossenses para não serem dominados por alguém, sob o manto da falsa humildade, e "metendo-se em coisas que não viu". De acordo com o *Comentário Bíblico Pentecostal,*[3] essa expressão "metendo-se", no grego, é *embateuo,* e quer dizer "entrar em um lugar ou possessão", "investigar um assunto em detalhes"; era uma palavra usada "como um termo técnico nos ritos de iniciação das religiões místicas". Poderia ser traduzida melhor como "as coisas que ele viu em sua iniciação". Sem dúvida, essas *visões* não eram de Deus. As visões de Deus não confundem seus servos, levando-os a contrariar a verdade que emana de sua Palavra. Eram visões carnais, de alguém "estando debalde inchado na sua carnal compreensão". Era uma manifestação da falsa humildade com o orgulho espiritual, e uma mistura de legalismo com ocultismo.

Jesus definiu bem quem são os que se interessam por coisas ocultas, misteriosas e secretas. "E a condenação é esta: Que a luz veio ao mundo, e os homens amaram mais as trevas do que a luz, porque as suas obras eram más. Porque todo aquele que faz o mal aborrece a luz e não vem para a luz, para que as suas obras não sejam reprovadas" (Jo 3.19,20). Os bruxos, os feiticeiros e as feiticeiras estão sendo valorizados nos dias atuais. Eles têm "visões", e com elas enganam a muita gente. Mas a condenação de Deus é severa sobre quem se dedica a essas práticas abomináveis. Os crentes em Jesus são libertos dessas falsas revelações, que só têm um único objetivo: afastar as pessoas da verdadeira adoração a Deus.

III – Desligados da "Cabeça" (2.19)

> *"e não ligado à cabeça, da qual todo o corpo, provido e organizado pelas juntas e ligaduras, vai crescendo em aumento de Deus" (2.19).*

Um corpo sem cabeça é uma anomalia da natureza. Os hereges de Colossos difundiam seus falsos ensinos porque não estavam ligados "à cabeça, da qual todo o corpo, provido e organizado pelas juntas e ligaduras, vai crescendo em aumento de Deus". Era uma alusão à natureza do culto gnóstico. Enquanto exaltavam as *stoicheia*, depreciavam o papel de Cristo, como "cabeça da Igreja". Sem essa ligação com Cristo, a "Cabeça" do ensino verdadeiro acerca das coisas espirituais, os hereges colossenses voltavam-se para as práticas místicas, ascéticas; para a abstenção de certos alimentos, como forma de manter uma falsa santidade; para a guarda de dias e anos; e para o "culto aos anjos" e outros "espíritos elementares do universo". Toda a heresia tem essa origem: o desligamento da "Cabeça", que é Cristo. Os falsos ensinos têm origem na cabeça de homens, ou de mulheres, que se consideram "iluminados" por Deus para anunciar uma nova religião; para proclamarem "a última revelação" para a humanidade.

Paulo quis que os irmãos de Colossos fossem livres dessa opressão maligna, com base na "vã filosofia" herética. Numa analogia ao corpo humano, o apóstolo mostrou que o verdadeiro aumento é o "aumento de Deus", que se processa através das "juntas e ligaduras". Essa expressão pode muito bem aludir ao corpo doutrinário que orienta a Igreja do Senhor. As "juntas" seriam os ensinos doutrinários sadios, com base na Palavra de Deus. E as "ligaduras" seriam os elos espirituais que unem os crentes ao corpo de Cristo, que é a sua Igreja, e os une uns aos outros no amor de Deus. Diz Pedro como deve ser esse crescimento espiritual: "Antes, crescei na graça e conhecimento de nosso Senhor e Salvador Jesus Cristo" (2 Pe 3.18). A comunhão com Deus, através de Cristo, que é a Cabeça da Igreja, é o que dá a verdadeira liberdade ao cristão. Sem ela, o crente pode ficar escravo de heresias, falsos ensinos, e mistificações as mais variadas e terríveis.

IV – "Mortos com Cristo"

"Se, pois, estais mortos com Cristo quanto aos rudimentos do mundo, por que vos carregam ainda de ordenanças, como se vivêsseis no mundo" (2.20).

I. Uma nova vida em liberdade

Os cristãos de Colossos já haviam sido libertados por Cristo da velha vida de ignorância espiritual. Estavam, sem dúvida, felizes, experimentando a comunhão com Deus, com Cristo, e uns com os outros. Mas o adversário da Igreja não se conforma em ver homens e mulheres livres de suas cadeias. Assim, procura induzir falsos mestres a assediar os crentes em Jesus para que deixem a liberdade que lhes foi garantida na cruz e voltem a ficar sob o jugo dos ensinos falsos, que levam à perdição. Paulo percebeu muito bem essa astuciosa estratégia do Diabo. Esta se manifestava de forma sutil, sorrateira, até subliminar, certamente.

Aqueles "rudimentos do mundo", ou "espíritos elementares do universo", estavam cercando os crentes, de forma tão sub-reptícia, que seduziam os cristãos a se deixarem dominar outra vez por certas "ordenanças", que tinham a pretensão de elevar o nível espiritual; na verdade eram exigências descabidas para quem já houvera obtido a liberdade em Cristo. Arrington e Stronstad afirmam que "os rudimentos do mundo deveriam ser interpretados como os 'espíritos elementares do universo' — isto é, 'os principados e potestades hostis' — então poderíamos compreender melhor a natureza extremamente crítica da situação. Paulo não está apenas lidando com uma controvérsia sobre algumas regras alimentares e dias santificados; antes, está enfrentando um caso de sujeição a uma nova forma de servidão às forças espirituais malignas".[4]

2. Vencendo o legalismo escravizante

> *"tais como: não toques, não proves, não manuseies? As quais coisas todas perecem pelo uso, segundo os preceitos e doutrinas dos homens"* (2.21,22).

As ordenanças não se limitavam à observância de dias santificados, ou a práticas alimentares. Ordens e comandos eram dados em termos de "não toques, não proves, não manuseies" (2.21). Alguém poderia argumentar: "E hoje, em muitas igrejas, não há ordenanças nesse sentido, em que os crentes são exortados a não tocar em alguns objetos, a não provar certos alimentos ou a não manusear algumas coisas?" Certamente, a vida cristã tem suas regras de conduta, suas normas a serem observadas, mas só devem ser consideradas e obedecidas se tiverem consistente base nas Sagradas Escrituras. As ordenanças, ou normas, vigentes numa igreja local, de fundamento cristão, não podem ser exigidas com base no capricho de homens, de líderes ou de quem quer que seja, se não estiverem fundamentadas na Palavra de Deus. Se a comida é sacrificada aos ídolos, não se deve comer, ou mesmo dela provar; por exemplo, se alguém oferece revistas pornográficas a um crente em Jesus, hoje mesmo, a boa ética bíblica manda que tal coisa seja rejeitada; se alguém oferece bebida alcoólica a um servo de Deus, esse deve rejeitar de modo firme e decidido; se alguém oferece cigarro, charuto ou cachimbo para que o crente em Jesus prove, o servo de Deus tem o dever de não tocar, rejeitando tal oferecimento. Isso é atitude cristã, que honra o nome de Jesus.

O que não se deve é chegar ao exagero de proibir alguém de tomar um determinado refrigerante sob o pretexto de estar pecando contra Deus; pode-se alegar que tomar determinada bebida, não alcoólica, pode ser prejudicial, por motivos nutricionais, dietéticos, e não por motivos espirituais. Houve tempo em que, em determinadas igrejas locais, proibia-se tomar café, por ser "pecado"; alguém não poderia tomar um banho de mar, sob pena de "ir para o Inferno"; se alguém não usasse chapéu, não era homem "sério". Tais coisas não tinham (nem têm) fundamento bíblico. Exigi-las torna-se "doutrinas de homens". Na questão de usos e costumes, que muito perturba igrejas, ainda nos dias presentes, o que se deve observar é se tais usos e tais costumes estão de acordo, ou contrariam o que está prescrito nas Escrituras. Do contrário, corre-se o risco de entrar-se no caminho do legalismo escravizante.

O problema das ordenanças que os hereges queriam impor sobre os cristãos de Colossos era o fato de pretender impor ordenanças, do tipo "Não toques, não proves, não manuseies"; "Vocês têm que observar determinados dias de guarda"; "Vocês não podem comer isso ou aquilo", com base nos tais "espíritos elementares do universo" (gr. *ta stoicheia tou kosmou*), e não com base na Palavra do Senhor Jesus. Esse era o problema que envolvia as tais ordenanças. De acordo com Paulo, aquelas ordenanças não deveriam mais causar medo ou temor aos crentes, libertos por Cristo Jesus. Elas não teriam mais nenhum poder sobre a vida e a conduta dos salvos. Aquelas "coisas todas perecem pelo uso" (2.22), isto é, são normas, ordenanças ou exigências, que não passam de práticas que perdem o significado e o valor, no tempo e no espaço. Porque são "segundo os preceitos e doutrinas dos homens (2.22). São "filosofias e vãs sutilezas, segundo a tradição dos homens, segundo os rudimentos do mundo e não segundo Cristo" (2.8).

3. Santidade aparente

Paulo chamou a atenção dos colossenses para o fato de que aquelas "ordenanças", que os hereges queriam impor-lhes, não tinham nada de importante, ou de valor espiritual para suas vidas, visto que eles já tinham sido "mortos com Cristo quanto aos rudimentos do mundo" (2.20). Para que eles fossem santos, não precisavam mais viver sob o jugo dos "poderes elementares do universo", de espíritos estranhos, que na verdade eram "os principados", "as hostes espirituais da maldade" (cf. Ef 6.12). O apóstolo demonstrou que aquelas ordenanças, ou exigências, tinham "na verdade, alguma aparência de sabedoria, em devoção voluntária, humildade" (2.23), mas não tinham o valor espiritual que os falsos mestres lhes queriam atribuir. No máximo, o que poderiam ter era algum valor "para a satisfação da carne", ou seja, tais ordenanças não passavam de meios e formas de apresentar um comportamento que satisfazia os interesses humanos e carnais dos mestres hereges.

Hoje, em muitos lugares, há homens e mulheres que lideram certos movimentos religiosos, e, para manter os fiéis sob seu domínio, procuram exigir atitudes e comportamentos que demonstrem que eles são mais santos que as outras pessoas. De um lado, apresentam santidade; de outro, ensinam heresias absurdas, que afastam as pessoas de Deus. Essa não é a santidade cristã, que deve ser fruto da presença de Cristo no coração e na vida dos seus servos. Paulo expressou bem esse ensino, ao exclamar: "Já estou crucificado com Cristo; e vivo, não mais eu, mas Cristo vive em mim; e a vida que agora vivo na carne vivo-a na fé do Filho de Deus, o qual me amou e se entregou a si mesmo por mim" (Gl 2.20). O cristão tem de se santificar sim, e em todos os aspectos da sua vida. Diz Pedro: "mas, como é santo aquele que vos chamou, sede vós também santos em toda a vossa maneira de viver" (1 Pe 1.15). Paulo corrobora o ensino da santidade cristã, de modo eloqüente, quando escreve aos tessalonicenses: "E o mesmo Deus de paz vos santifique em tudo; e todo o vosso espírito, e alma, e corpo sejam plenamente conservados irrepreensíveis para a vinda de nosso Senhor Jesus Cristo" (I Ts 5.23).

---

1 MARTIN, Ralph P. *Colossenses e Filemom,* p. 100.

2 Ibid., p. 104.

3 ARRINGTON, French L. & STRONSTAD, Roger. *Comentário Bíblico Pentecostal,* pp. 1348,1349.

4 Ibid, p. 1350.

Capítulo 8

Evidências da nossa União com Cristo

Colossenses 3.1-11

"Portanto, se já ressuscitastes com Cristo, buscai as coisas que são de cima, onde Cristo está..." (Cl 3.1).

O apóstolo Paulo tinha um cuidado especial para com os colossenses, seus discípulos a distância, ganhos para Cristo através de Epafras. Ele sabia que é comum os crentes sofrerem a tentação de voltar às velhas práticas, desenvolvidas no tempo da ignorância espiritual, longe de Deus. Não é raro que muitos cristãos, às vezes com muitos anos de conversão, sejam seduzidos pelo tentador a se interessarem pelas coisas "do Egito", como os israelitas durante o êxodo. Quantas vezes Moisés e Arão tiveram de enfrentar murmurações, e mesmo rebeliões, por parte dos que foram libertos da escravidão, quando os mesmos se defrontavam com dificuldades e problemas na caminhada.

Na igreja cristã não é diferente. A história é a mesma na vida de muitos e muitos que se dizem crentes em Jesus. Há uma tendência natural no ser humano de se interessar e buscar as coisas terrenas, "as coisas de baixo". Mas se queremos chegar ao céu, onde Deus está, e contemplar o rosto de Cristo, nosso Senhor e Salvador, precisamos buscar "as coisas que são de cima". Ao que tudo indica, os colossenses estavam sendo atraídos pelas concupiscências carnais, que combatem contra a alma, contra a fé e contra a vida de comunhão com Cristo. Não era de admirar, pois os crentes estavam cercados de heresias, que tentavam solapar a resistência espiritual dos cristãos que ali se congregavam.

Mas Paulo exortou-os não só a buscar, mas a pensar nas "coisas que são de cima", ou seja, nas coisas relativas a Deus, aos céus, à vida futura, objetivo final da carreira cristã. Sem dúvida, não foi fácil o apóstolo convencer seus discípulos acerca de muitas coisas as quais, certamente, eles já estavam buscando, que não agradavam a Deus, nem faziam parte da nova vida com Cristo.

I – Buscando as Coisas que São de Cima

1. Ressuscitados com Cristo

> *"Portanto, se já ressuscitastes com Cristo, buscai as coisas que são de cima, onde Cristo está assentado à destra de Deus" (3.1).*

Paulo inicia esta parte da epístola enfatizando a maravilhosa experiência da salvação, tipificada na ressurreição espiritual: "... se já ressuscitastes com Cristo...", e faz uma ligação com o parágrafo anterior da carta, mais especificamente, com 2.20: "Se, pois, estais mortos com Cristo quanto aos rudimentos do mundo..." Parece, à primeira vista, um paradoxo, ou uma contradição. Se de um lado ele diz que os crentes estão "mortos com Cristo", de outro, diz que eles já ressuscitaram com Cristo. Porém não há contradição alguma. O que Paulo procura ressaltar, de modo eloqüente, é a nova vida com Cristo, obtida através da fé em Jesus, no momento real da verdadeira conversão.

Através da salvação, o pecador, que era considerado morto em delitos e pecados (cf. Ef 2.1), nasce de novo; Jesus já houvera falado acerca dessa nova situação espiritual, afirmando que aquele que ouve sua palavra e crê em Deus, "passou da morte para a vida" (Jo 5.24). A Nicodemos, Jesus causou espanto em sua mente racional, ao dizer que quem não nascesse de novo não poderia entrar ou ver o Reino de Deus (cf. Jo 3.1-3). Paulo destaca a nova vida, figurada na ressurreição, em várias outras referências. Aos efésios, ele diz ainda que Jesus nos vivificou, "estando nós ainda mortos em nossas ofensas" (Ef 2.5); em sua carta aos romanos, o apóstolo é mais extensivo, quando fala da ressurreição espiritual (cf. Rm 6.1-4,11,12,13ss).

Alguns intérpretes entendem que a ressurreição de que fala o apóstolo Paulo é experimentada por ocasião do batismo em águas. Lihgtfoot, citado por Davidson, diz: "quando vos colocastes debaixo da água batismal, desaparecestes do mundo para sempre. Ressuscitastes, é verdade, mas subistes somente para Deus. Doravante, o mundo nada sabe da vossa nova vida..."[1] Diz Pátzia: "Visto ser o batismo o fundamento de uma nova existência, a vida cristã precisa manifestar essa mudança, mediante uma vida ética que lhe corresponda. Noutras palavras, o verdadeiro sentido do batismo precisa ser vivido na vida de cada crente".[2] No entanto, cremos que Paulo refere-se ao batismo como sendo figura representativa da ressurreição em Cristo, quando da conversão genuína, não atribuindo o caráter salvífico, ou sacramental, ao ato batismal. A conversão corresponde ao batismo espiritual, através do qual o novo crente é imerso no corpo de Cristo, que é a Igreja.

2. "Buscai as coisas que são de cima"

> *"... buscai as coisas que são de cima, onde Cristo está assentado à destra de Deus" (3.1b).*

O apóstolo usa o verbo no imperativo, desejando que os colossenses não apenas se interessassem pelas coisas de Deus, mas que o fizessem com esforço, dedicação, e valorizassem aquilo que do alto lhes era concedido. O ser humano, na condição de "homem natural" (I Co 2.14), além de não entender as coisas de Deus, é voltado muito mais para as coisas terrenas, "coisas da carne" (Rm 8.5), ou "as coisas do homem" (I Co 2.11), ou "as coisas pertencentes a esta vida" (I Co 6.3), ou ainda "coisas terrenas" (Fp 3.19).

Aos colossenses, Paulo exorta a buscarem "as coisas que são de cima", ou seja, as coisas que procedem de Deus, dos céus, ou as coisas que Deus oferece ao homem, mediante seu amor e sua misericórdia, frutos de sua imensurável graça salvadora. São, sem dúvida, "As coisas que o olho não viu, e o ouvido não ouviu, e não subiram ao coração do homem são as que Deus preparou para os que o amam" (I Co 2.9). São "as coisas de Deus" (I Co 2.11), "as coisas espirituais" (I Co 2.13). E para que não haja dúvidas quanto à origem dessas coisas que devem ser buscadas, ele mostra de onde elas vêm: de "onde Cristo está assentado à destra de Deus" (3.1), ou seja, são coisas de origem celestial, divina.

Essas coisas, certamente, podem ser identificadas como tudo o que de melhor Deus ofereceu aos homens, em especial àqueles que nEle crêem. Sem dúvida, a mais sublime dessas coisas foi o próprio Jesus. Ele nos foi dado por Deus para que "todo aquele que nele crê não pereça, mas tenha a vida eterna" (Jo 3.16). Em decorrência dessa dádiva divina, veio a salvação em Cristo Jesus, a paz de Deus, o seu amor, a sua bondade, a sua misericórdia, a sua graça, "a fé, a esperança e a caridade" (I Co 13.13). E dentre estas dádivas, inclui-se também a cura divina, o batismo no Espírito Santo, os dons espirituais e tudo o que tem origem em Deus, em Cristo e no Espírito Santo.

Tiago, apóstolo do Senhor, foi quem resumiu, certamente, o que significam todas essas "coisas que são de cima" quando disse: "Toda boa dádiva e todo dom perfeito vêm do alto, descendo do Pai das luzes, em quem não há mudança, nem sombra de variação" (Tg 1.17). A exortação do apóstolo era dirigida a cristãos que estavam sendo seduzidos — ou induzidos — a se voltarem para o mundo, olhando para coisas que são da terra, de baixo. Os gnósticos entendiam que, para conseguir o aperfeiçoamento do espírito, precisavam deixar de consumir certos alimentos, guardar dias e anos, observar festas de lua nova, e praticar o ascetismo escravizante, ou o liberalismo hedonista, visando destruir a carne, ou o corpo, por ser mau. Eles queriam alcançar as alturas, olhando para baixo, para as coisas terrenas. O apóstolo, ousadamente, conclamou os crentes a buscarem "as coisas que são de cima", uma vez que não mais estavam mortos, como os hereges; pelo contrário, eles — os cristãos — já haviam ressuscitado com Cristo, e não tinha mais sentido a busca das coisas terrenas para se chegar a Deus.

3. "Pensai nas coisas que são de cima"

> *"Pensai nas coisas que são de cima e não nas que são da terra" (3.2).*

No versículo 1, Paulo exorta os colossenses a buscarem as "coisas que são de cima". Já no versículo 2, ele determina que seus discípulos distantes pensem "nas coisas que são de cima, e não nas que são da terra". Haverá alguma diferença entre "buscar" e "pensar"? Certamente. Alguém pode buscar algo com muito interesse, e não pensar no que está buscando ou fazendo. Normalmente, as pessoas que são dominadas pelos ensinos heréticos não pensam bem no que estão praticando. Entregam-se a rituais, penitências, sacrifícios e a outros atos, sem pensarem bem no que estão realizando em suas vidas. Os que cultuam os ídolos mudos, surdos, cegos, inertes, acham que estão rendendo culto a Deus, mas não passam de escravos do erro, dos falsos ensinos e das heresias. Acerca disso, o salmista acrescenta: "Tornem-se semelhantes a eles os que os fazem e todos os que neles confiam" (Sl 115.8). Os gnósticos também buscavam muitas coisas de caráter espiritual, desde os "espíritos elementares do universo" (as *stoicheia*), até as práticas escravizantes do ascetismo irracional. Não pensavam corretamente. Buscavam coisas pretensamente "de cima", presos às coisas "que são da terra".

Os gnósticos pensavam de modo puramente emocional, guiando-se pelos sentimentos, por "visões", "revelações", contato com anjos, etc. Mas quando Paulo diz aos colossenses: "Pensai", usando o verbo *phronein,* que "significa muito mais do que um exercício mental, e tem pouco a ver com o estado emocional da pessoa... Sua esfera é mais aquela da motivação, à medida em que o motivo determina uma linha de ação e conduta do indivíduo".[3] Champlin diz que pensar, "No grego é *phroneo,* 'pensar', 'considerar', 'fixar a mente sobre', e que certamente [esta palavra] é usada de modo enfático aqui no seu sentido de 'fixar a mente sobre'. Paulo exorta aqui aos crentes que dediquem a Cristo todas as faculdades intelectuais e contemplativas da alma, do homem essencial".[4]

A exortação a "buscar" e a "pensar" nas "coisas que são de cima" era o reforço de Paulo ao pensamento dos cristãos colossenses, no sentido de que não raciocinassem de modo errôneo, dando lugar aos enganos e mistificações dos hereges, que pregavam "filosofias" e "vãs sutilezas". Aquelas crenças místicas eram sinal de morte espiritual. Mas os colossenses já haviam ressuscitado com Cristo. Eles já estavam "mortos" para o mundo, desde o dia em que se converteram verdadeiramente a Cristo, aceitando-o como seu único e suficiente Salvador. E Paulo acentua: "porque já estais mortos, e a vossa vida está escondida com Cristo em Deus" (3.3). Ele se referia à segurança que o crente fiel tem após seu novo nascimento em Cristo. A vida do crente não está mais a mercê dos "espíritos elementares do universo", ou de qualquer outro tipo de poder espiritual, ou humano. Nenhum demônio, anjo, fantasma, príncipe das trevas, ou membro das hostes da maldade, ou qualquer outro agente, espiritual, humano, ou material, pode ter acesso à vida concedida por Jesus àquele que o aceita como seu Salvador. A nova vida está escondida com Ele no seio do Pai. Jesus deu essa garantia: "e dou-lhes a vida eterna, e nunca hão de perecer, e ninguém as arrebatará das minhas mãos" (Jo 10.28).

II – A Manifestação do Crente em Glória

1. Quando Cristo se manifestar

> *"Quando Cristo, que é a nossa vida, se manifestar, então, também vós vos manifestareis com ele em glória" (3.4).*

Jesus manifestou-se ao mundo em carne, fazendo-se homem, para salvar o homem. "O Verbo se fez carne" (Jo 1.14a). Aqui, no seu ministério terreno, foi muito mais visto como homem sofredor, do que como o Filho de Deus, ou como Deus. Sua glória, em alguns momentos, pôde ser vista, de modo rápido e limitado. "... e vimos a sua glória, como a glória do Unigênito do Pai, cheio de graça e de verdade" (Jo 1.14b). João se referia, certamente, tanto à visão do Cristo humanizado, como do Cristo glorificado, quando da transfiguração, e também após sua ressurreição. Mas Ele foi contemplado por muitos como um homem fragilizado pela dor de sua paixão. "Porque foi subindo como renovo perante ele e como raiz de uma terra seca; não tinha parecer nem formosura; e, olhando nós para ele, nenhuma beleza víamos, para que o desejássemos" (Is 53.2).

Porém, no dia de sua vinda em glória, a visão que todos terão dEle será bem diferente. Os sinais dos cravos e de suas feridas serão vistos em suas mãos (Zc 13.6), para que não haja dúvida de que Ele é o mesmo Jesus que subiu glorioso, ante os olhares atônitos dos varões galileus, que contemplaram a visão espetacular de sua ascensão (At 1.11). Ele se manifestará em glória.

2. Os crentes glorificados

Paulo lembra aos colossenses que "nossa vida", hoje, está "escondida". Mas nossa vida espiritual é o próprio Cristo. E, diz aos colossenses: "Quando Cristo, que é a nossa vida, se manifestar, então, também vós vos manifestareis com ele em glória" (3.4). A vida física é um milagre de Deus. Apesar de todo o avanço da ciência nas pesquisas do genoma (mapa genético do ser humano), os cientistas dizem que descobriram a seqüência das letras do código da vida, mas ainda resta muito a descobrirem acerca de como tudo funciona. A vida espiritual é muito mais complexa.

Nunca se saberá explicar como Cristo, que é a nossa vida, habita em nós. Ela está oculta, ou seja, não compreendida, não decifrada, não explicada com as palavras ou o conhecimento humano. A vida espiritual é um mistério. Ela é o próprio Cristo. Porém, quando Ele se manifestar, os crentes fiéis serão manifestos "com ele em glória". Paulo reforça esse ensino em Romanos 8.17,22,23,29. Talvez o apóstolo João resuma de modo claro o que haveremos de ser, quando Cristo se manifestar: "Amados, agora somos filhos de Deus, e ainda não é manifesto o que havemos de ser. Mas sabemos que, quando ele se manifestar, seremos semelhantes a ele; porque assim como é o veremos" (1 Jo 3.2).

III – Vencendo as "Coisas Velhas"

"Mortificai, pois, os vossos membros que estão sobre a terra: a prostituição, a impureza, o apetite desordenado, a vil concupiscência e a avareza, que é idolatria" (3.5).

I. Mortificando os membros do corpo

No texto anterior (3.1,2), Paulo usa os tempos verbais "buscai" e "pensai". No versículo 5, ele usa, também, o modo imperativo, exortando: "Mortificai, pois, os vossos membros que estão sobre a terra" (3.5). Para vencer os velhos vícios, as "coisas velhas" (2 Co 5.17), o cristão precisa mortificar sua natureza carnal, figurada, aqui, nos membros do corpo. Estes, na verdade, não pecam. Não têm condição de, por si, realizar qualquer ato, bom ou mau. Os membros do corpo são instrumentos, que podem ser usados para o bem ou para o mal; para a virtude ou para o pecado. A linguagem é enfática quanto à mortificação dos membros; essa mortificação é necessária para que o crente não volte a praticar os antigos pecados.

Há uma enorme quantidade de "listas de vícios", que são condenáveis pela ética cristã. São as concupiscências do coração, a imundícia da alma, que desonram o corpo; são as "paixões infames", "no contrário à natureza", "torpeza", "sentimento perverso", cometidos por homens que estão "cheios de toda iniqüidade, prostituição, malícia, avareza, maldade; cheios de inveja, homicídio, contenda, engano, malignidade" (cf. Rm 1.24,26,29-32). Esses vícios da velha vida são catalogados por Paulo numa verdadeira "lista negra" de atitudes reprováveis por Deus (ver Gl 5.19-21; Ef 4.31; 5.3-5; Cl 3.5,8; 1 Tm 1.9,10; 6.4,5ss). Se compararmos estas listas de pecados, veremos que os mesmos podem ser usados pelo Diabo para levar os crentes incautos à perdição. E os membros do corpo, bem como os seus sentidos, são os instrumentos mais utilizados para que se cometam os atos que desabonam a conduta cristã. Os membros do corpo, ou seja, o seu uso pela natureza carnal, dominada pelo pecado, devem ser mortificados, se o cristão deseja ser vencedor.

2. Cinco pecados que destroem a vida do crente (3.5)

1) "A prostituição".

No grego, essa palavra é *porneia*, e tem sentido amplo, significando todo o tipo de pecado na área sexual, incluindo infidelidade conjugal, desvios e práticas sexuais aberrantes. Não deve ser entendida apenas como a prática sexual, envolvendo dinheiro, com prostitutas, que vendem seu corpo. Há quem limite o significado à prostituição, no sentido estrito, do comércio do sexo, pelo fato de a raiz da palavra ser *porne*, que significa prostituta. No texto, o sentido da palavra é abrangente, e envolve toda prática sexual ilícita. É a mesma palavra utilizada por Jesus quando doutrinou sobre a permissibilidade para o divórcio e o novo casamento em Mateus 19.9.

2) "A impureza" (gr. akatharsia).

É sinônimo de prostituição (*porneia*), mas pode ser entendida como intenção moral, ou o cultivo de pensamentos impuros, que dão origem à prostituição. Jesus ensinou sobre a origem dos pecados. "Porque do coração procedem os maus pensamentos, mortes, adultérios, prostituição, furtos, falsos testemunhos e blasfêmias" (Mt 15.19). Antes da prática dos atos ilícitos, vêm os pensamentos viciosos.

3) "O apetite desordenado" (gr. pathos).

Pode ser traduzido como "paixão lasciva", e tem o significado de paixões violentas, que dominam a mente dos pecadores. São as "paixões infames", a que Paulo se refere em Romanos 1.26, no que se relaciona com o homossexualismo, ou a outros tipos de desejos sexuais sem controle; ou "paixão de concupiscência" (1 Ts 4.5);

4) "A vil concupiscência" (gr. epithymian kaken).

É o desejo maligno que avassala a mente dos que não oram e não vigiam, e são dominados pelo tentador, que os subjuga na prática do pecado de ordem sexual. O termo pode ser utilizado para indicar qualquer tipo de desejo ilícito com relação a qualquer coisa. Mas no texto, tem a conotação de pecado sexual. Várias referências aludem a esse tipo de pecado. Podem ser os "desejos da mocidade" (2 Tm 2.22), e também "as concupiscências do engano" (Ef 4.22).

5) "A avareza" (gr. pleonexia).

É, literalmente, "o desejo de ter mais", de ter muitas posses, de modo insaciável. Este comentador já teve oportunidade de observar um caso em que um lar foi destruído, um casamento foi desfeito, por causa da avareza. Um dos cônjuges era dominado pelo desejo de possuir bens materiais, e colocou a perder a união do casamento. Parece que o apóstolo deixou de lado a lista de pecados sexuais, e resolveu doutrinar sobre o pecado da cobiça, ou do amor ao dinheiro. No Novo Testamento, há muitas advertências contra esse pecado (cf. Mc 7.22; Rm 1.29; 1 Co 6.10; Ef 5.3). O apóstolo acrescenta que a avareza "é idolatria", pois o pecante faz dos bens materiais, em especial do dinheiro, um verdadeiro deus, a quem tem de servir compulsoriamente.

3. "Pelas quais coisas vem a ira de Deus" (3.6,7)

Paulo adverte que a ira de Deus vem sobre essas práticas pecaminosas. E não poderia ser diferente, pois "ao culpado não tem por inocente" (cf. Êx 34.7; Nm 14.18). Deus não faz concessão ao pecado, nem àqueles que transgridem deliberadamente. O Senhor "é vingador de todas estas coisas" (I Ts 4.6); o aborrecimento de Deus sobre quem pratica esses pecados é tal, que Paulo exorta o cristão a não ter associação com os que, dizendo-se cristãos, entregam-se a essas práticas abomináveis (I Co 5.10,11). Paulo diz que a "ira de Deus" vem sobre "os filhos da desobediência". E lembra aos colossenses que esse tipo de comportamento, dominado pelo pecado, pertencia ao passado, antes da conversão: "nas quais também, em outro tempo, andastes, quando vivíeis nelas" (3.7).

Aquelas práticas faziam parte da escravidão aos poderes cósmicos, aos "espíritos elementares do universo". Nos dias presentes, são variados os meios para a prática do pecado, e estão à disposição de quem quer viver em desobediência a Deus. Há uma sofisticação tecnológica a serviço do mal. O "mercado" diabólico, que oferece oportunidades para pecar, está mais avançado. Sem sair de casa, muitos estão engodados pela concupiscência, assistindo a filmes imorais; através da Internet, via computador, estão conectados com a rede mundial de prostituição. Ficou mais fácil pecar. Só o temor de Deus nos corações pode fazer com que o cristão não dê lugar à pecaminosidade avassaladora, que destrói a pureza interior e a comunhão com Deus.

IV – Como Andar na Nova Vida

I. Despojando-se de tudo

"Mas, agora, despojai-vos também de tudo: da ira, da cólera, da malícia, da maledicência, das palavras torpes da vossa boca" (3.8).

Paulo usa uma figura de linguagem que lhe é muito familiar. Ele exorta os colossenses a se despojarem das velhas coisas a que estavam apegados na vida pregressa. O verbo "despojar-se" (gr. *apothesthe*) quer dizer "ficar livre de", "despir-se"; lembra alguém que se despe de um velho vestuário, de uma roupa antiga. É a figura que o apóstolo usa, comparando as práticas do pecado a uma vestimenta velha, que fazia sentido usar no tempo passado. Ele diz que essa roupa antiga deveria ser substituída por novas vestes, símbolo da nova vida com Cristo. Foi o que ocorreu, conforme a Parábola do Filho Pródigo (Lc 15), quando o filho mais novo, que abandonara a casa do pai, retorna ao lar. O pai manda que se lhe tirem as vestes sujas, usadas na vida de pecado, e lhe dêem o "vestido novo", pois ele estava morto, mas reviveu. Essas vestes são as vestes da salvação, que todo crente em Jesus deve usar em todo o tempo de sua peregrinação na vida terrena. Paulo diz aos colossenses que eles devem despojar-se de uma outra lista de pecados, de natureza verbal. São pecados cometidos através da língua, os quais têm efeito devastador no relacionamento entre pessoas, principalmente entre os que se dizem irmãos em Cristo. Paulo diz que os crentes devem despojar-se de dois tipos de pecados:

a) ***Pecados internalizados.*** São pecados que se manifestam na mente: os crentes em Jesus devem despojar-se da "ira" (*orge*), que se constitui uma impaciência contra alguém, misturada com aborrecimento ou ódio (cf Ef 4.26; I Tm 2.8); da "cólera" (*thymos*), que é uma forma exacerbada de ira, explosiva, sem controle (cf. Gl 5.20; Ef 4.31); e da "malícia" (*kakios*). Esta, por sua vez, é uma palavra que tem sentido amplo, podendo referir-se a "malignidade", "vício", "depravação" (ver I Co 5.8; Ef 4.31; Tt 3.3; I Pe 2.1). Esses pecados, muitas vezes, são guardados no coração, e causam terríveis efeitos sobre a vida espiritual e a saúde emocional e física; muitas doenças têm origem nessas atitudes mentais que não devem mais fazer parte da nova vida do crente.

b) ***Pecados verbalizados.*** O segundo tipo de pecados é de ordem verbal; os cristãos devem despojar-se da "maledicência" (*blasphemia*). Aqui, o apóstolo refere-se a qualquer tipo de expressão verbal afrontosa contra Deus, e também contra os homens (cf. Mt 27.39; Mc 15.29; At 13.45; Rm 2.24; I Co 4.13). Devem evitar as "palavras torpes" (*aischrologia*), o que refere-se à linguagem indecente, às palavras obscenas, feias, vergonhosas, proferidas por quem não tem o temor de Deus, nem respeito ao próximo. No versículo 9, Paulo inclui a "mentira", que sempre causa terríveis prejuízos morais no relacionamento humano, e , de modo especial, entre os irmãos em Cristo. Os mentirosos não têm parte nos céus (cf. Ap 21.8), pois lábios mentirosos são abomináveis a Deus (Pv 12.22). Tais coisas não devem sair da boca dos servos de

Deus. Escrevendo aos efésios, Paulo corrobora o ensino contra esses pecados: "que, quanto ao trato passado, vos despojeis do velho homem, que se corrompe pelas concupiscências do engano" (Ef 4.22).

2. Vestidos do novo homem

"... pois que já vos despistes do velho homem com os seus feitos e vos vestistes do novo, que se renova para o conhecimento, segundo a imagem daquele que o criou" (3.9b,10).

Paulo sabia usar a linguagem metafórica para expressar suas idéias, transpostas para as epístolas que escrevia às igrejas. Aqui, ele continua utilizando a idéia do vestuário, simbolizando a conduta a ser abandonada e a conduta a ser seguida pelos colossenses. No texto anterior, ele diz que os crentes devem despir-se dos velhos trajes do pecado. "Já vos despistes do velho homem com os seus feitos". Uma vez despidos, não poderiam ficar nus. Precisavam de outras vestiduras espirituais. O "velho homem", que corresponde ao "velho Adão", em Cristo, é transformado em "nova criatura" (2 Co 5.17). Paulo lembra que, como cristãos, os colossenses haviam trocado de "roupa". Assim, acrescenta ele no versículo 10: "e vos vestistes do novo, que se renova para o conhecimento, segundo a imagem daquele que o criou". Ele aqui se refere ao "novo" homem, regenerado por Cristo (cf Rm 13.14), e feito à sua imagem (cf. Rm 8.29).

Esse novo homem não pode mais viver sob orientação de falsos ensinos, de "filosofias" e "vãs sutilezas" místicas. Ele "se renova para o conhecimento" genuíno das verdades espirituais, que emanam de Cristo, de seu evangelho, da Palavra de Deus. Estudiosos como Pátzia e Ralph entendem que o "novo homem" é o que ressurge das águas batismais. Porém, grande parte dos intérpretes é unânime quanto à regeneração concedida através da conversão em Cristo Jesus. Esse novo homem não pode conformar-se com o mundo, mas tem sua mente renovada na comunhão com Cristo (cf. Rm 12.2); ele é renovado no seu sentido, "segundo Deus, é criado em verdadeira justiça e santidade" (Ef 4.23,24).

3. "Cristo é tudo em todos"

> *"onde não há grego nem judeu, circuncisão nem incircuncisão, bárbaro, cita, servo ou livre; mas Cristo é tudo em todos" (3.11).*

No versículo 11, Paulo faz uma ligação com o texto anterior, demonstrando que, no âmbito do Reino de Cristo, "nEle", no meio daqueles que são salvos, não há lugar para discriminação de qualquer ordem: "onde não há grego nem judeu, circuncisão nem incircuncisão, bárbaro, cita, servo ou livre; mas Cristo é tudo em todos". Essa afirmação categórica indica que a salvação em Cristo é inclusiva, abrindo espaço para todos, em todos os lugares. Ele ordenou que o evangelho fosse pregado "a toda criatura", "por todo o mundo" (Mc 16.15); Ele veio para que "todo aquele que nele crê não pereça, mas tenha a vida eterna" (Jo 3.16). Se "nEle", no meio do seu rebanho, não há distinção de raça (nem "grego nem judeu"), nem de condição religiosa ("circuncisão ou incircuncisão"), de caráter social ("servo ou livre"), ou cultural ("bárbaro" — não falavam o idioma grego — , ou "cita" — tribos selvagens), não há como aceitar que haja predestinação absoluta, defendida pela posição calvinista. "Cristo é tudo em todos", e não somente em alguns "eleitos" ou "predestinados" verticalmente. Jesus veio criar "uma nova humanidade (a Igreja como o corpo de Cristo)".[5]

Mais uma vez, Paulo acentuava a preeminência de Cristo sobre tudo e sobre todos, contrariando as idéias gnósticas de que os poderes cósmicos tinham autoridade sobre a vida e o destino das pessoas. Enfatizando que em Cristo não pode haver discriminação de qualquer ordem, o apóstolo demonstra que o evangelho é inclusivo e acessível a todos, em qualquer tempo, lugar ou condição. Somente na Igreja há um nivelamento entre os homens. No culto a Cristo, lado a lado, podem assentar-se o soldado e o general; o aluno e o professor; o pobre e o rico; o letrado e o iletrado; o negro e o branco; se assim não for, não se pode falar em cristianismo. Pois "Cristo é tudo em todos".

---

1 DAVIDSON, F. *O Novo Comentário da Bíblia*, pp. 1292,1293.

2 PÁTZIA, Arthur G. *Efésios, Colossenses, Filemom*, p. 72.

3 MARTIN, Ralph P. *Colossenses e Filemom*, p. 112.

4 CHAMPLIN, Russel Norman. *O Novo Testamento Interpretado*, vol. 5, p. 134.

5 PÁTZIA, Arthur G. *Efésios, Colossenses, Filemom*, p. 80.

Capítulo 9

Revestidos das Virtudes Cristãs

Colossenses 3.12-17

"Revesti-vos, pois, como eleitos de Deus, santos e amados, de entranhas de misericórdia, de benignidade, humildade, mansidão, longanimidade" (Cl 3.12).

Doutrinar sobre tantos assuntos, necessários ao fortalecimento espiritual de uma igreja onde nunca esteve presente, deve ter sido tarefa muito difícil, mesmo para o experiente apóstolo dos gentios. Percebe-se, nos textos em estudo, que a Igreja em Colossos não estava somente ameaçada pelas heresias. Comportamentos estranhos, práticas inadequadas à vida cristã, e outras manifestações de ordem moral e ética, estavam infiltrando-se no meio da comunidade, na igreja local.

O apóstolo sentiu a necessidade de lembrar aos crentes que eles eram pessoas especiais, em face de sua nova vida com Cristo, e que precisavam demonstrar isso perante o mundo, principalmente quando em volta deles havia um movimento herético sutil, sorrateiro e perigoso. Não poderiam descuidar-se da condição de "santos e fiéis", "santos e amados" do Senhor.

Como excelente orador, escritor e apologista, Paulo utiliza, no texto em análise, uma metáfora rica em lições de caráter espiritual e ético. A exemplo de Cristo, que se utilizava de uma linguagem clara e compreensível aos seus ouvintes, o apóstolo toma a figura do despir-se e do vestir-se para exemplificar a diferença entre o passado e o presente dos novos crentes em Jesus. E o faz de forma eloqüente e precisa, de modo a não deixar seus discípulos confusos ou desorientados.

Certamente, há grandes lições para as igrejas de hoje. Paulo exorta os crentes quanto ao relacionamento na igreja, no lar e na comunidade; não se esquece de mostrar o valor da Palavra de Deus, que é a única que pode fazer frente às heresias; lembra o valor do perdão, da longanimidade e de outras importantes virtudes cristãs que devem compor o "vestuário" espiritual dos crentes, e dá ensinos significativos sobre o louvor cristão. Neste aspecto, sem dúvida, há muito o que se observar, ao trazermos para os dias presentes estas lições do apóstolo dos gentios. Em muitas igrejas, hoje, o louvor tem sido rebaixado a um nível semelhante ao que se faz nos ambientes profanos, com músicas, letras e ritmos que não são adequados ao culto cristão.

I – Eleitos, Santos e Amados

> *"Revesti-vos, pois, como eleitos de Deus, santos e amados, de entranhas de misericórdia, de benignidade, humildade, mansidão, longanimidade"* (3.12).

I. Eleitos por Deus

Paulo estava ensinando a uma comunidade cristã, cujo perfil os identificava como pessoas verdadeiramente salvas, "aos santos e irmãos fiéis em Cristo" (1.1a). Depois de lhes dizer que deveriam despojar-se dos vícios da velha vida, dos velhos andrajos espirituais, uma vez que, ao serem salvos, haviam-se vestido do "novo" homem, renovado segundo a imagem de Deus (lat. *Imago Dei*). O velho homem deveria ser despido das antigas práticas e dos antigos procedimentos pecaminosos. O novo homem deveria ser vestido das virtudes cristãs. Ele aludia à vestimenta comum a todos os santos. Mas, no texto em apreço, o apóstolo usa outra figura, exortando os colossenses a se revestirem com outras roupas. Se já estavam vestidos, agora deveriam revestir-se de outras "peças" do vestuário espiritual cristão. E isso deveria ser acatado, pois eles, uma vez salvos, eram "eleitos de Deus". O termo "eleitos" (gr. *eklektoi*) "de Deus" tem um significado muito especial, e ao mesmo tempo polêmico, no meio cristão.

Para uns, que adotam a visão calvinista, Deus teria escolhido (eleito) somente alguns para a salvação. Só os eleitos, ou predestinados, alcançam a salvação. Outros intérpretes, que adotam a visão arminiana, entendem que a eleição, ou a predestinação, não é absoluta, e sim, relativa. Ou seja, "Quem crê nele não é condenado; mas quem não crê já está condenado, porquanto não crê no nome do unigênito Filho de Deus" (Jo 3.18). Afinal, "Deus amou o mundo" (Jo 3.16), e não só alguns. Paulo dirigia-se aos "eleitos de Deus", aos crentes em Cristo Jesus. Referia-se à sua identidade na nova vida, com nova roupagem espiritual. Os colossenses viviam cercados de hereges gnósticos, que se consideravam uma casta superior. "Paulo talvez tinha em mira algum falso ensino em Colossos que alegava que um grupo esotérico de gnósticos tinha, exclusivamente, a chave do Antigo Testamento. Cf. 2.11-13,20-23."[1] Eles se consideravam os escolhidos, os eleitos, que detinham as chaves da *gnosis* (conhecimento) oculta, ao alcance somente de alguns iniciados. O apóstolo queria dizer aos colossenses: "Não se impressionem com eles. Vocês é que são 'eleitos de Deus'".

2. Santos e amados (3.12b)

Em 1.1, os discípulos colossenses são santos e fiéis. Nesta seção da mensagem, eles são chamados "santos e amados". Os salvos têm que ser santos. Se não forem santos, não são salvos. Se forem santos, são amados de Deus. A santificação é condição indispensável para a salvação; faz parte desta, ao lado da regeneração e da justificação. Sem santificação, ninguém chegará à presença de Deus (Hb 12.14); ela é a vontade de Deus na vida do crente fiel (1 Ts 4.3); e a santificação cristã não tem qualquer ligação com as práticas ascéticas dos gnósticos, que proibia certas comidas, ou bebidas, em associação com "o culto dos anjos", ou aos "poderes elementares do universo". No cristianismo, a abstenção de certos alimentos, como o sangue e a carne sufocada (At 15.20), de bebidas alcoólicas, não tem por finalidade a obtenção da salvação, mas é conseqüência dela. A santificação do crente em Jesus é o processo indispensável para o aperfeiçoamento do caráter e da vida cristã, numa identificação com o próprio Cristo. Temos de ser santos como Ele o é (cf. 1 Pe 1.15).

II – O Revestimento do Cristão (3.12)

Paulo indica aos colossenses uma lista de "peças" do vestuário espiritual a ser usado pelos crentes em Jesus, que devem ser sobrepostas à vestimenta inicial (3.10). Essa lista inclui vários componentes, entre eles:

1. "Entranhas de misericórdia"

Literalmente, significa um coração compassivo. Antigamente, as pessoas imaginavam que as entranhas — que incluem não só o coração, mas os intestinos, os pulmões, o fígado e outros órgãos — seriam a fonte ou a sede das emoções. Hoje, em geral, somente o coração é associado às emoções. Paulo exortava os colossenses a terem compaixão dos outros, do íntimo do seu ser. Duas palavras gregas são utilizadas para indicar a expressão "entranhas de misericórdia": *splanchna* e *oiktirmos*. Outras versões trazem a expressão "ternos afetos de misericórdia". Sem dúvida, o crente em Jesus deve ser uma pessoa que ama não apenas de palavra, de lábios, ou exteriormente. Mas o amor cristão tem de ser verdadeiro e emanar do coração, do íntimo de cada um. Exemplo disso temos na Parábola do Bom Samaritano. Ele, vendo o homem caído, assaltado, "moveu-se de íntima compaixão" (Lc 10.33). Jesus tinha "grande compaixão" das multidões errantes (Mt 9.36). Os misericordiosos são bem-aventurados (Mt 5.7). João, o apóstolo do amor, diz que não devemos amar só de palavras, mas com demonstração concreta dessa virtude, "por obra e em verdade" (I Jo 3.18).

2. "Benignidade" (gr. *Chrestotes*)

É outro item do "vestuário" cristão e faz parte do revestimento do salvo. A benignidade é listada entre as virtudes do fruto do Espírito (Gl 5.22), e é a qualidade daquele que só faz o bem. Na vida cristã, fundada no amor, só pode haver lugar para a prática do bem. Diz a Palavra de Deus: "façamos o bem a todos" (Gl 6.10). Benignidade é sinônimo de generosidade, de bondade, bom trato, cortesia, gentileza, e reflete o caráter e o comportamento de alguém que se relaciona bem com os outros, visando somente fazer o bem. A deformação do caráter cristão leva, muitas vezes, nas igrejas locais, pessoas a desejarem ou fazerem o mal aos seus irmãos, ou mesmo aos descrentes. Isso é desvio de conduta; é prevaricação contra Cristo, que nos manda amar até mesmo os nossos inimigos (Mt 5.44). Note-se que Paulo não se refere aqui à falsa benignidade, ou humildade aparente dos hereges gnósticos. Ele desejava passar para seus discípulos em Colossos que o cristão precisa ser revestido dessa virtude — a benignidade —, que demonstra a presença de Cristo na vida e no ser.

3. "Humildade" (gr. *Tapeinophrosyne*)

É peça indispensável no "guarda-roupa" espiritual. Quem se reveste de humildade demonstra ter, de fato, a mente de Cristo. É parte do figurino de quem deseja servir ao Senhor (cf. At 20.19); tudo na vida do crente deve ser feito com humildade (Fp 2.3); os jovens cristãos precisam revestir-se dessa roupagem (I Pe 5.5); Deus dá "graça aos humildes" e os exalta (Tg 4.6,10); não é a falsa humildade, usada como pretexto para o culto herético (Cl 2.18). O maior exemplo de humildade foi dado por Cristo. Ele se humilhou a ponto de aniquilar-se a si mesmo, despojando-se de seus atributos naturais, e fez-se homem, "humilhou-se a si mesmo, sendo obediente até à morte e morte de cruz" (Fp 2.8). Os maiores no Reino de Cristo não são os soberbos, e sim, os humildes como crianças (cf. Mt 18.4).

4. "Mansidão" (gr. *Prautes*)

É a qualidade daquele que é manso. O contrário de arrogância, violência e rebelião. Na Bíblia, o servo, ou serva, de Deus é comparado a um cordeiro. Animal pacato, quieto, que bem figurou Cristo em sua paixão. Isaías registrou que "... como um cordeiro, foi levado ao matadouro e, como a ovelha muda perante os seus tosquiadores, ele não abriu a boca" (Is 53.7). Quem é manso é semelhante a Cristo; por outro lado, quem é violento prova que não tem o Espírito de Cristo. Paulo exortou os colossenses a serem revestidos de mansidão, que é sinônimo de consideração, gentileza e submissão. Esta, porém, não deve ser vista como sinônimo de fraqueza. O manso é suficientemente forte par suportar as afrontas, as agressões, sem reagir de modo violento. Ele sofre porque é forte, não por ser covarde. Mansidão, na vida do crente fiel, não é fruto de fraqueza moral, mas é "fruto do Espírito" (cf. Gl 5.22).

5. "Longanimidade" (gr. *Makrothimya*)

É a qualidade do que é longânimo. Na prática, é a paciência para suportar as ofensas. Não é paciência qualquer. Só se sabe quem é longânimo na hora da provação, principalmente em momentos em que se é afrontado e ofendido. "Nos relacionamentos interpessoais, é a graça exercida por alguém que poderia retaliar, mas prefere, em vez de vingar-se, exercer a paciência."[2] Um jovem, novo convertido, foi desafiado por ex-amigos de farras e de brigas a dar "a outra face". Um ímpio chamou-lhe e disse: "Na Bíblia, está escrito que, se eu lhe bater numa face, você tem que dar a outra. Eu vou bater na sua cara, e quero ver se você é crente mesmo". Foi um terrível desafio do Diabo. O jovem cristão, que estava parado, diante dos homens maus, respondeu: "Se você quer bater, pode bater". O homem maligno aproximou-se e desferiu um tapa no rosto do servo de Deus. Este, com calma, virou o rosto para o agressor e disse-lhe: "Aqui está a outra face; pode bater". O descrente, vendo o gesto do jovem salvo, ficou desorientado, recuou e não teve coragem de estender a mão para repetir o golpe covarde. O moço cristão, cheio da graça de Deus, disse: "Você me desafiou. Estou aqui para receber o outro tapa". Mas o descrente não teve ânimo para repetir a agressão, e pediu desculpas ao crente. Sem dúvida, é um exemplo raro de longanimidade. Dificilmente alguém suporta tal afronta sem reagir; somente se estiver cheio do Espírito Santo, se estiver revestido com esse importante item do "figurino" espiritual do crente salvo.

III – "Suportando-vos" e "Perdoando-vos"

> *"suportando-vos uns aos outros e perdoando-vos uns aos outros, se algum tiver queixa contra outro; assim como Cristo vos perdoou, assim fazei vós também" (3.13).*

I. "Se algum tiver queixa contra outro" (3.13a)

"Em todos os lugares onde há pessoas, há problemas de relacionamento humano. Entre os cristãos, não poderia ser diferente. Não são anjos, ou espíritos, mas pessoas, de carne e osso, com suas virtudes e defeitos. Só a Igreja no seu sentido universal, como Noiva do Cordeiro, é que não tem problemas ou defeitos. No lar, ou na igreja local, o relacionamento humano torna-se indispensável, e poderá ser uma bênção, se for desenvolvido segundo os princípios bíblicos sobre o comportamento cristão."[3] Não raro, entre os crentes, surgem divergências de opinião, quanto à maneira de trabalhar, ou de encarar as atitudes do outro. Em decorrência dessas divergências, há queixas, reclamações e, às vezes, agressões verbais, ou até físicas, lamentavelmente. Há ocasiões em que a velha natureza carnal levanta-se e cobra "seus direitos", e os crentes comportam-se como se nunca tivessem nascido de novo. Sem dúvida, tiram a nova roupa de regenerados e tornam a vestir os velhos trapos da vida sem Cristo. É comum, em muitas igrejas, haver um espírito de murmuração, de "disse-me-disse", de fuxico, de mexerico. Isso não é atitude digna de quem é cristão: "Não andarás como mexeriqueiro entre o teu povo..." (Lv 19.16). Porém, Paulo, em sua mensagem aos colossenses, exorta que, havendo queixas entre irmãos, o caminho não é agir pela carne, mas pelo Espírito.

2. "Suportando-vos uns aos outros" (3.13b)

Talvez Paulo tenha tomado conhecimento de que entre os colossenses havia algum mau relacionamento entre os irmãos, incluindo divergências, queixas e ressentimentos. A maneira correta de encarar as queixas entre os irmãos é saber suportar o outro, buscando o entendimento e pondo em prática a longanimidade e a benignidade. Uma coisa é aceitar as virtudes cristãs como ideais; outra coisa é praticá-las, vivenciá-las, demonstrando tê-las, não só no coração, mas na forma de tratar o outro. É um princípio de relacionamento humano do mais alto nível. Esse "suportar o outro" não é uma atitude de fachada, por conveniência, como alguém que diz: "Eu suporto porque sou crente; se não fosse, agiria de outra maneira". Isso não é atitude cristã; é hipocrisia. Suportar o outro, em suas faltas e defeitos, tem de ser algo real, e não de aparência.

Já vimos o caso de um irmão que foi chamado a reconciliar-se com outro; no momento, diante do pastor, mal se entreolhavam, tal era o ressentimento que havia entre os dois. Na hora em que foram aconselhados a pedir perdão e se abraçarem, o fizeram sem ao menos olhar um no olho do outro. Dias depois, o problema entre eles se havia agravado. Isso não é suportar o outro de modo verdadeiro. É a carne reinando soberana, separando irmãos, lançando um contra o outro, e dando lugar a que o adversário se alegre por ver o ódio prevalecer, em lugar do amor de Deus no coração do crente. Aos efésios, Paulo ensina como deve ser esse suportar um ao outro: "com toda a humildade e mansidão, com longanimidade, suportando-vos uns aos outros em amor" (Ef 4.2). O amor é a base de todo relacionamento do cristão com seus irmãos ou mesmo com os descrentes.

3. "Perdoando-vos uns aos outros" (3.13)

Exercer o perdão não é fácil, o que não deixa de ser algo um tanto contraditório, pois, hoje, só somos cristãos porque um dia fomos perdoados por Deus. Precisamos entender o valor do perdão para a nossa vida espiritual, emocional e em todos os demais aspectos. Num sentido prático da vida cristã, perdoar é abrir mão dos direitos próprios contra o ofensor e transferir esses direitos para Deus. Quando o crente perdoa, fica livre para amar o ofensor. É mais fácil pedir perdão a Deus do que aos outros, e principalmente aos mais próximos de nós. Entretanto, não há outro caminho. Se quisermos ser vitoriosos contra o maligno, contra o pecado e o mal, precisamos pedir perdão ao nosso próximo. É sinal de espírito elevado, quando o esposo pede perdão à esposa e vice-versa; da mesma forma, quando o filho pede perdão ao pai e este, dando exemplo, pede perdão ao filho. Seja quem for que porventura venhamos a ofender, devemos pedir-lhe perdão. Conheço casos de filhos que deixaram o lar, e até a igreja local, porque seus pais foram injustos com eles, mas não tiveram a humildade de pedir-lhes perdão.

Se pedir perdão não é tão fácil, mais difícil ainda é perdoar a quem nos ofende. A natureza humana tendente à soberba e não se encurva com facilidade para perdoar. Há pessoas que morrem mas não dão o perdão. O esposo precisa saber perdoar a esposa; como esta também precisa saber perdoar o esposo, e igualmente o filho precisa saber perdoar os pais e vice-versa. O mesmo se aplica aos irmãos, que precisam perdoar uns aos outros. É mandamento bíblico (Cl 3.11-13).

1) "Perdôo, mas não esqueço."

Há pessoas que dizem: "Perdôo, mas não esqueço". Quem diz isso, na verdade, está querendo dizer que não perdoou. Quando oramos o Pai Nosso, dizemos: "Perdoa as nossas dívidas [ofensas], assim como nós perdoamos aos nossos devedores [ofensores]" (Mt 6.12). Queremos ser perdoados da mesma forma que perdoamos os outros? Muitos estão selando sua culpa com essa oração. Se quisermos que Deus nos perdoe, precisamos esquecer a ofensa, perdoando o ofensor.

2) "Deus perdoa e esquece!"

Lemos em Jeremias 31.34: "... porque *perdoarei* a sua maldade e *nunca mais me lembrarei* dos seus pecados" (ênfase do autor). Ora, como pode ser isto? Deus é onisciente e não se lembra de algo? Na verdade, o versículo quer dizer que Deus não mais se lembra do juízo sobre o pecador que se arrependeu. A lembrança do fato não tem mais efeito negativo, pois Deus já o perdoou! Do mesmo modo, também devemos perdoar (de verdade) e "esquecer". A lembrança do fato não nos incomoda mais, pois ficamos livres do aguilhão da ira, do ódio, da mágoa e da tristeza. O amor inunda o coração, não deixando lugar para a ira. Somente com a longanimidade, uma das virtudes do fruto do Espírito, isso é possível, pois, se não perdoarmos, também não seremos perdoados (Mc 11.25). Concluindo essa exortação sobre o perdão, Paulo acrescenta: "assim como Cristo vos perdoou, assim fazei vós também". É por isso que não é fácil ser cristão. É fácil ser membro de uma igreja, ter o nome arrolado nos registros da secretaria, entregar dízimo, ocupar cargos ou funções. Mas ser cristão verdadeiro não é fácil. De nós é exigido não apenas aceitar os mandamentos, mas praticá-los como Jesus praticou.

4. O "sobretudo" cristão

"E, sobre tudo isto, revesti-vos de caridade, que é o vínculo da perfeição" (3.14).

"Sobretudo", no Dicionário Aurélio, quer dizer: "Casacão usado pelos homens sobre a roupa, como proteção contra o frio e a chuva". Como estamos aproveitando a metáfora da vestimenta, usada por Paulo para exemplificar o valor das virtudes cristãs, vemos que o apóstolo continua a valorizar o revestimento espiritual. Vemos que o vestir-se envolve três fases: *A primeira*, quando ele diz que o cristão vestiu-se "do novo, que se renova" (3.10); *a segunda*, quando exorta os colossenses a se "revestirem" das virtudes aqui estudadas (3.12); *e a terceira*, quando ele ensina: "E, sobre tudo isto, revesti-vos de caridade, que é o vínculo da perfeição" (3.14). Ou seja, sobre o vestido, e sobre o revestimento, ainda se deve sobrepor "a caridade, que é o vínculo da perfeição". Esse "sobretudo", aqui reunindo as duas palavras (sobre e tudo), é o ponto alto do revestimento do crente em Jesus. É a última peça do vestuário. Se ele consegue vestir as virtudes ensinadas, mas não o fizer em "caridade", que é o amor na prática, de nada adianta. É perda de tempo, e, pior, é obra de fachada — e as falsas virtudes hão de cair. É a "caridade" que une todas as outras peças do vestuário espiritual, não permitindo que nenhuma delas fique frouxa ou venha a cair. É "o vínculo da perfeição". Só com a caridade é possível suportar uns aos outros e, igualmente, perdoar uns aos outros.

IV – Paz e Gratidão (3.15)

> *"E a paz de Deus, para a qual também fostes chamados em um corpo, domine em vossos corações; e sede agradecidos" (3.15).*

I. A paz de Deus

Sem qualquer dúvida, a "paz de Deus" é a "paz de Cristo", que tem lugar no coração do crente fiel. Quando alguém aceita a

Cristo como Salvador, é beneficiado com ricas bênçãos advindas de sua mão. Dentre essas, a paz espiritual é uma das mais experimentadas no viver diário. É aquela paz de que Jesus falou: "Deixo-vos a paz, a minha paz vos dou; não vo-la dou como o mundo a dá. Não se turbe o vosso coração, nem se atemorize" (Jo 14.27). É a "paz de Deus, que excede todo o entendimento" (Fp 4.7). A paz dos homens é paradoxal. Um antigo provérbio latino dizia: "Se queres a paz, prepara-te para a guerra". Era a *pax romana*, garantida pela força das armas. Hoje, não é diferente. As nações, em seu afã pelo domínio político, usam a ameaça da guerra como meio de dissuasão. No entanto, a "paz de Deus" é diferente; ela invade o coração e enche a alma de tranqüilidade. Com essa paz, é possível ter calma na tempestade. Ao nascer, Jesus trouxe "paz na terra" (Lc 2.14), e Ele quer que seus servos tenham esta paz (Jo 16.33). Após a justificação, efetuada no ato da conversão genuína, o crente desfruta de "paz com Deus, por nosso Senhor Jesus Cristo" (Rm 5.1). A paz de Deus também é uma virtude do fruto do Espírito Santo (cf. Gl 5.22). A "paz com todos" é indispensável para a salvação, ao lado da santificação (Hb 12.14). Em sua exortação aos colossenses, Paulo afirma que eles foram "chamados em um corpo" para viverem na "paz de Deus" (3.15).

2. Sob o domínio da paz de Deus

Paulo exorta os crentes, desejando que a "paz de Deus" domine (gr. *brabeuo*) os seus corações. Certamente, o apóstolo referese à tranqüilidade interior, que deve dominar os sentimentos e as emoções dos crentes. Num mundo tão cheio de perturbações, angústias, incertezas e medo, é difícil ter paz. Certo analista do cenário mundial afirmou recentemente que o século presente é o século da incerteza, para as nações, para as empresas e para as pessoas, individualmente, em função da globalização, não só da economia, mas da insegurança, em virtude dos ataques terroristas que ameaçam a ordem mundial. Ele diz que mais ninguém pode se sentir seguro em lugar nenhum. Porém, de acordo com a Palavra de Deus, é possível ter paz interior. Cristo disse: "Deixo-vos a minha paz, a minha paz vos dou..." (Jo 14.27). O cristão só se sente de fato tranqüilo quando a "paz de Deus" domina nos corações. Segundo a versão Revista e Atualizada, temos ainda a seguinte tradução para este versículo: "Seja a paz de Deus o árbitro em vosso coração" (Cl 3.15 – ARA).

De fato, quando existem dúvidas e incertezas quanto a tomar certas decisões, é interessante que o servo de Deus o busque em oração, e procure sentir a voz do Senhor falando através do seu coração (do seu interior), que soará como "árbitro" nos momentos difíceis. Quando "a paz de Deus" domina os corações, não há lugar para contendas, intrigas, malícia ou qualquer outro tipo de atitude inadequada ao servo de Deus. O relacionamento cristão torna-se harmônico, pois a "paz de Deus" produz a calma interior, indispensável ao comportamento ético, fraternal e sincero, tão necessários à vida numa comunidade cristã. Essa "paz" (gr. *eirene*) "excede todo entendimento", e preenche todas as necessidades emocionais dos crentes.

3. "Sede agradecidos"

Um dos maiores pecados contra Deus é a ingratidão. O mundo sem salvação é constituído de pessoas que, além de serem incrédulas, são ingratas. Deus é quem "... dá a todos a vida, a respiração e todas as coisas" (At 17.25). E os homens em geral não sabem agradecer ao Criador por todas as bênçãos colocadas à disposição de todos, em todo lugar. Porém, entre os cristãos, a gratidão deve ser uma das características marcantes da nova vida, desde que foram "revestidos" do novo homem. Paulo conclui sua exortação aos colossenses desejando que tenham paz e sejam agradecidos a Deus pelas bênçãos a eles dispensadas. Agradecido, no grego, é *eucharistos*, que significa "grato", "cheio de gratidão". Como tudo o que somos e tudo o que temos vem de Deus, é indispensável que lhe sejamos gratos por tudo o que nos tem propiciado, a despeito de nossas fraquezas e imperfeições.

Certo rapaz, pertencente ao Departamento de Jovens da igreja local, procurou este comentador e disse que não mais desejava permanecer na igreja, pois estava sendo vítima de muitas injustiças, críticas e rejeição. Ele estava se despedindo. Diante disso, propus-lhe um exercício. Ao chegar em casa, deveria pegar um caderno e, numa página, escrever todas as coisas que lhe causaram aborrecimento. Em outra página, deveria fazer uma lista de todas as coisas boas que lhe tinham acontecido, a começar de sua salvação, passando pelo batismo no Espírito Santo, as curas, etc. Uma semana depois, ao vê-lo na igreja, perguntei como estava, e ele respondeu: "Depois que fiz o exercício descobri que as bênçãos superam os problemas, e resolvi não mais deixar a igreja". Quando o jovem se deteve, meditando nas bênçãos do Senhor, verificou que precisava ser-lhe grato.

V – A Palavra de Cristo e o Louvor Genuíno (3.16)

"A palavra de Cristo habite em vós abundantemente, em toda a sabedoria, ensinando-vos e admoestando-vos uns aos outros, com salmos, hinos e cânticos espirituais; cantando ao Senhor com graça em vosso coração" (3.16).

I. O valor da Palavra de Cristo

Paulo sabia que os colossenses estavam sendo alvo das heresias, e que os falsos ensinadores procuram utilizar argumentos lógicos, que impressionam muitas vezes até o crente mais antigo. Se não houver um exame cuidadoso das Escrituras Sagradas, muitos são levados pelas "filosofias" e "vãs sutilezas", usadas pelos mestres das seitas. No entanto, quando a igreja local é bem ensinada, com base na Palavra de Deus, os crentes são firmados na sã doutrina e não caem nas armadilhas das heresias. Note-se que o apóstolo enfatizou a importância da Palavra, exortando os crentes a terem-na de modo abundante: "A palavra de Cristo habite em vós abundantemente". Isso quer dizer que o servo de Deus não deve conhecer a Palavra de Deus apenas de modo superficial, como ocorre em muitas igrejas. É comum observarem-se crentes que só abrem sua Bíblia na hora em que o ministro, oficiante do culto, convida para a leitura bíblica devocional. Depois, só em outro culto a Bíblia é aberta. Tal atitude para com a Palavra de Deus jamais dará ao cristão condições de tê-la habitando "abundantemente" em seu coração.

A superficialidade no conhecimento da Palavra de Cristo é a principal causa de tantas deserções, em muitas igrejas, em direção a seitas e movimentos heréticos. Há muito movimento, muita música, muito cântico, e até danças, mas pouco aprofundamento no estudo da Palavra de Deus. A Palavra do Senhor "é escudo" (Sl 91.4) contra as heresias; "a palavra do Senhor é reta" (Sl 33.4); o jovem, como qualquer crente, só pode purificar o seu caminho, através da Palavra de Deus (Sl 119.9); para observar a Palavra de Deus, o crente precisa desviar-se de todo o caminho mau (Sl 119.101); a Palavra é "lâmpada" e "luz" para o caminho do servo de Deus (Sl 119.105). Sem dúvida alguma, somente pela Palavra de Deus habitando em abundância no crente, é que ele pode escapar das armadilhas falaciosas das seitas e das heresias. E Paulo acrescenta que a Palavra deve habitar no crente, "em toda a sabedoria" (3.16).

2. O valor do louvor cristão

De acordo com as Escrituras, o louvor tem um alto valor e significado na adoração a Deus. Ele habita "entre os louvores de Israel" (Sl 22.3). Mas, certamente, Deus não habita entre todo e qualquer tipo de "louvor". Paulo, exortando os colossenses, fez uma importante conexão entre a Palavra de Deus, que deve habitar em abundância entre os crentes, e o louvor cristão. Este não deve ser dissociado da Palavra, nem do culto a Deus. Na visão de Paulo, o louvor também deve ser um meio para o ensino e a admoestação: "ensinando-vos e admoestando-vos uns aos outros, com salmos, hinos e cânticos espirituais". Esse é o louvor que agrada a Deus; aquele que tem fundamento na Palavra. Há muitos "hinos", se assim podem ser chamados, que são dirigidos à criatura e não ao Criador; há cânticos românticos, entoados nas igrejas locais, que não passam de declaração de amor entre um homem e uma mulher; esse tipo de música pode ser aproveitada, mas não no culto a Deus.

Paulo ensina que os crentes devem ensinar e admoestar uns aos outros com louvor. Ele se refere a "salmos" (gr. *psalmois*), palavra equivalente a *psallein* (hb. *tanger*), lembrando o louvor através dos salmos do Antigo Testamento, que eram cânticos acompanhados de instrumentos musicais (cf. Sl 150); "hinos" (gr. *himnois*), que, essencialmente, eram cânticos dirigidos a Deus e a Cristo. Nos salmos, havia cânticos de louvor, mas também de vingança, e com outros motivos; nos hinos, no entanto, só cabe o louvor e a exaltação a Deus Pai e a Jesus, o Deus Filho; "cânticos espirituais" (gr. *odais*), que, segundo alguns comentaristas, poderiam ser "composições musicais originadas de expressões extáticas pronunciadas sob inspiração do Espírito Santo (cf. I Co 14.15,16)".[4] Ralph P. Martin diz que "'cânticos espirituais' é uma frase que usa um termo geral para uma composição musical (gr. *ode*) com seu significado especial decidido pelo adjetivo 'espiritual', isto é, inspirado pelo Espírito Santo".[5] Certamente, os dois entendimentos podem ser acolhidos. Nas igrejas pentecostais, pode-se ouvir, em alguns momentos de adoração, expressões de louvor sob a inspiração direta do Espírito Santo. Por outro lado, há compositores cristãos que, em oração, recebem de Deus, pelo seu Espírito, letra e música de verdadeiros "hinos e cânticos espirituais", que elevam a alma à presença do Senhor; em contraste com certos "hinos", que incitam expressões corporais, através de danças, pulos, gritos, "trenzinhos" e outras manifestações da carne.

3. A quem se dirige o louvor

Paulo orienta os crentes quanto à direção e o modo de louvar a Deus. "... cantando ao Senhor com graça em vosso coração". Na igreja local, todo louvor só tem razão de ser se for dirigido "ao Senhor". Não faz nenhum sentido, com base bíblica, que alguém cante para se exibir, como ocorre nos chamados "shows gospel". O "show" é um espetáculo musical, em que um cantor, um grupo vocal, ou uma banda, apresenta-se para o público, para a platéia. Nesse tipo de "louvor", dirigido a muitos, às vezes milhares de espectadores, o centro das atenções não é "o Senhor", mas o "astro", o "artista", a "banda". No louvor cristão, o único espectador deve ser o Senhor Jesus Cristo. Miriã disse: "Cantai ao Senhor" (Êx 15.21); "Cantai ao Senhor em toda a terra" (I Cr 16.23); "Cantai ao Senhor, vós que sois seus santos" (Sl 30.4). No culto a Deus, todas as pessoas devem ser adoradores, e não espectadores. E devem cantar com graça nos corações (Cl 3.16).

VI – Fazer Tudo em Nome do Senhor

> *"E, quanto fizerdes por palavras ou por obras, fazei tudo em nome do Senhor Jesus, dando por ele graças a Deus Pai" (3.17).*

"A condição do crente para realizar ou deixar de realizar algo decorre da autoridade que lhe foi conferida pelo nome de Jesus. Assim, quando o cristão se vê na contingência de tomar uma decisão, de ordem espiritual ou humana, pode muito bem concluir pela ação ou não, se puder realizá-la no nome de Jesus, conforme orienta o apóstolo Paulo aos irmãos colossenses."[6] O fazer é precedido do pensar. A vontade precede a ação. Paulo diz aos filipenses: "porque Deus é o que opera em vós tanto o querer como o efetuar, segundo a sua boa vontade" (Fp 2.13). Se assim é, nada mais justo do que o crente em Jesus só fazer aquilo que puder ser feito em seu nome. É um princípio ético do mais alto valor para a vida cristã, pois leva o crente a conscientizar-se de que é servo de Cristo, e deve agir sob sua autoridade, com a chancela do seu nome.

---

1 MARTIN, Ralph P. *Colossenses e Filemom*, p. 120.

2 PÁTZIA, Arthur. *Efésios, Colossenses, Filemom*, p. 82.

3 LIMA, Elinaldo Renovato de. *Aprendendo Diariamente com Cristo*, p. 115.

4 PÁTZIA, Arthur G. *Efésios, Colossenses, Filemom*, p. 84.

5 MARTIN, Ralph P. *Colossenses e Filemom*, p. 126.

6 LIMA, Elinaldo Renovato de. *Ética Cristã*, p. 22.

Capítulo 10

A Família do Cristão

Colossenses 3.18 — 4.1

"Semelhantemente, vós, mulheres, sede sujeitas ao vosso próprio marido, para que também, se algum não obedece à palavra, pelo procedimento de sua mulher seja ganho sem palavra" (1 Pe 3.1).

Dois grandes temas são abordados pelo apóstolo Paulo no texto em foco. O tema da família cristã e o tema das relações de trabalho, entre senhores e servos. Hoje, há mais clareza quanto aos limites a serem observados em ambos os casos. Mas no tempo em que a epístola foi escrita, a visão era muito estreita, tanto na sociedade pagã, quanto na sociedade cristã. Como se pode observar, o apóstolo teve de orientar as famílias colossenses quanto ao relacionamento dentro do próprio lar, começando pelo comportamento a ser seguido pelas mulheres convertidas ao cristianismo, ao mesmo tempo que também ditava normas de comportamento para os maridos cristãos.

Embora talvez não tenha sido pai, não se descuidou o apóstolo de se dirigir aos pais, no sentido de que soubessem criar seus filhos de acordo com os princípios do evangelho de Jesus. Aos filhos, o apóstolo ministra ensino do mais alto valor para que possam viver bem sobre a terra, conforme a promessa feita por Deus desde os tempos do Antigo Testamento.

O outro tema, o do relacionamento entre senhores e escravos, ou servos, também ocupa um bom espaço na epístola. Sem dúvida, seguindo os passos de Jesus, Paulo foi portador de uma doutrina que significou uma verdadeira revolução social no seu tempo. De modo consciente e pragmático, o apóstolo não se posicionou contra a escravatura abertamente, mas influiu de modo decisivo para que o relacionamento entre senhores e servos fosse subordinado aos princípios de justiça e equidade que devem nortear o tratamento entre os cristãos. Sem dúvida, ele não concordava com o regime perverso da escravatura, muito comum em sua época, na sociedade em que vivia. Confrontá-lo, no dizer de certos intérpretes, seria suicídio, pois uma revolta de escravos cristãos equivaleria ao seu aniquilamento. Mas enfrentar a escravidão com a arma da justiça e do amor cristão foi uma estratégia que alcançou o objetivo por outro caminho. Em lugar da força das armas, a força do amor de Deus, a força da Palavra do Senhor, o poder do Espírito Santo. Paulo levantou o lema da libertação pela não-violência.

I – O Relacionamento entre os Cônjuges

I. Deveres das mulheres

"Vós, mulheres, estai sujeitas a vosso próprio marido, como convém no Senhor" (3.18).

Paulo sentiu necessidade de incluir na Carta aos Colossenses orientações quanto ao relacionamento entre as mulheres cristãs e seus maridos. Certamente, não foi por acaso, ou por desvio de finalidade em sua missiva. Nota-se que ele ocupou mais espaço e tempo em escrever contra as ameaças heréticas que cercavam a igreja de Colossos. Contudo, bem informado que era da situação espiritual daquela comunidade cristã, o apóstolo viu-se inclinado a exortar os cristãos quanto aos deveres conjugais, como o faz em outras cartas, dirigidas a outras igrejas (Ef 5.22 — 6.9; I Tm 2.8-15; 6.1,2; Tt 2.1-10). E aqui, neste trecho de sua missiva, ele começa dirigindo-se às mulheres. Talvez porque elas fossem alvo de algum tipo distorcido de comportamento, por influência da sociedade pagã em que viviam, ou porque muitas delas provinham de setores daquela sociedade. As mulheres cristãs são exortadas a submeterem-se a seus respectivos maridos, "como convém *no Senhor*" (ênfase do autor).

Decerto, na época em que a epístola foi escrita, a recomendação de Paulo não teve uma reação negativa, ou resistência, como poderia ter hoje na sociedade moderna, e mesmo nas igrejas cristãs. Mas deve ter causado algum tipo de constrangimento. Nas sociedades gregas e romanas, as mulheres tinham mais liberdade que na sociedade judaica (as deusas Ísis e Diana eram muito veneradas). Na visão judaico-cristã, não há deusas; só há Deus. Muitas mulheres, convertidas ao cristianismo, eram sacerdotisas dos cultos pagãos e ocupavam uma posição de liderança no culto aos deuses estranhos. Segundo intérpretes da Bíblia, tais mulheres poderiam querer exercer, nos momentos de serviço, um papel de destaque, interferindo na liturgia, na mensagem e na ordem do culto. Segundo Ralph Martin, "devemos, no entanto, lembrar como, na sua discussão da adoração na igreja (I Co 14), Paulo achou necessário incluir uma injunção para declarar a rubrica geral: 'Mas faça-se tudo decentemente e com ordem'. Em especial, as mulheres que eram membros da congregação de Corinto são aconselhadas contra falarem no culto público (14.33,34), e são conclamadas a serem 'subordinadas.'"[1]

Essa é uma interpretação do comportamento exigido das mulheres no culto. As palavras do apóstolo Paulo nos dão a entender que as mulheres, na Igreja em Corinto, estariam abusando da liberdade, expressando-se em voz alta no culto, diante de seus maridos, o que não seria apropriado, sobretudo naquela sociedade, eminentemente patriarcal. No caso da exortação de Paulo às mulheres cristãs de Colossos, ele chama a atenção para a necessidade da sujeição das esposas a seus próprios maridos, ressaltando que tal comportamento "convém no Senhor". É a mesma recomendação repetida em outras cartas, como em Efésios 5.22, e igualmente apregoada pelo apóstolo Pedro, em I Pedro 3.1. Nos dias presentes, há grande rejeição no segmento feminino de muitas igrejas quanto à atualidade dessa recomendação do apóstolo Paulo. Mas deve-se notar que isso é conveniente "no

Senhor". Quando recomendações bíblicas são menosprezadas, as conseqüências são sempre prejudiciais à igreja, à família e à sociedade.

A imprensa noticiou, anos atrás, o casamento do príncipe Charles com a princesa Diana, da Inglaterra. A noiva, ao tomar conhecimento de que, no cerimonial, seria lido o trecho de Efésios 5.22 — que exorta a mulher a submeter-se ao marido — solicitou que fosse retirada da leitura essa parte das Escrituras. Ela representava, sem dúvida, grande parte das mulheres, em todo o mundo, que não concorda com a submissão da mulher ao marido, mesmo que ele seja cristão. Ali, na cerimônia daquele que fora cognominado "o casamento do século", incorreu-se num grave erro. A jovem princesa rejeitou a Palavra de Deus, e o resultado o mundo acompanhou. Traição, tristeza, infelicidade e um final trágico. Paulo não é um machista, nem vê a mulher como cidadã de segunda categoria. Outros deveres são destacados, como o de amar seus maridos (Tt 2.4); de ser-lhes fiéis (I Co 7.3-5,10); e conclui que em Cristo todos são iguais e que o homem não o é sem a mulher, nem a mulher sem o homem (I Co 11.11); da mesma forma, também não há distinção de raça, condição social ou sexual, visto que todos somos "um em Cristo Jesus" (Gl 3.28), e, na mesma carta à igreja de Colossos, inclui deveres a serem observados pelos maridos cristãos. Assim, se a submissão da mulher ao esposo "convém no Senhor", deve ser acatada, em obediência a Cristo. É sempre arriscado tentar restringir a recomendação da submissão da mulher somente ao tempo em que a epístola foi escrita, pois ela é atual e necessária dentro da visão espiritual que deve nortear os ensinos à igreja cristã.

2. Deveres dos maridos

"Vós, maridos, amai a vossa mulher e não vos irriteis contra ela" (3.19). Num ensinamento em tom pastoral, e ao mesmo tempo didático, o apóstolo se dirige aos maridos crentes, exortando-os a amarem suas esposas. A princípio, parece que os deveres dos maridos são menos pesados do que os das mulheres; lendo as palavras do apóstolo Paulo pode-se ter a impressão de que amar é mais fácil do que submeter-se a alguém. Mas, assim como a submissão deve ser "no Senhor", o amor do marido à esposa não é menos valorizado. Recorrendo ao trecho de Efésios 5, vemos que Paulo exorta os maridos a amarem suas esposas, "como também Cristo amou a igreja" (5.25). Amar como os homens naturais amam não é difícil; amar de modo puramente sensual, ou carnal, não é difícil; amar, visando receber sempre algo em troca, não é difícil. Porém, amar "como Cristo" amou a Igreja é algo que transcende à lógica do amor humano. Na analogia ao amor de Cristo pela Igreja está toda a diferença. O esposo cristão tem o dever de amar sua esposa, a tal ponto de, se necessário, sofrer e até morrer pela esposa, como Cristo sofreu e morreu pela Igreja (cf. Ef 5.25). O maior dos mandamentos é amar a Deus sobre todas as coisas; e o segundo, semelhante a esse, é amar o próximo como a si mesmo (Mt 22.37-40). Ninguém mais próxima do esposo existe do que sua esposa. E, sendo ela cristã, deve ser alvo do amor sincero, leal e afetuoso do seu esposo crente em Jesus. Se o esposo amar a esposa menos do que lhe é ordenado por Cristo, incorre em transgressão ao segundo maior dos mandamentos. E sem dúvida sofrerá as conseqüências.

Paulo ensina que os maridos cristãos devem amar suas esposas e não se irritar contra elas. Em outra tradução, está escrito: "... não as trateis asperamente", ou "não sejais amargos contra elas". No texto grego, a palavra "amargura" é *pikria*, que tem o sentido de dureza, aspereza, amargor, no trato com outra pessoa. O tratamento áspero entre marido e mulher, que sempre leva ao desrespeito à pessoa humana, tem sido uma das causas principais para o desajustamento conjugal. É grande o número de casais que recorrem ao divórcio por "incompatibilidade de gênio". Esta, sem dúvida, tornou-se uma expressão eufêmica para a falta de respeito, de entendimento, para o tratamento áspero e grosseiro, totalmente incompatíveis com o caráter e a ética cristã. Mas isso é desculpa para a falta de amor e de obediência aos princípios cristãos para o matrimônio. Todo casal cristão pode ser feliz no casamento, desde que marido e mulher submetam-se ao Senhor de suas vidas. Não existe casamento perfeito, nem casamento onde não há divergências. Estas são comuns. Porém, se o casal é cristão, o casamento pode ser muito abençoado, ajustado e feliz. Quando há divergências, o caminho não é o desrespeito, mas sim a busca da direção de Deus, em oração e em jejum.

Os esposos crentes devem ter cuidado no tratamento interpessoal, pois os filhos, quando crianças, adolescentes ou jovens, estão observando o comportamento de seus pais. E tendem a internalizar em suas mentes as atitudes que vêem no lar paterno, o que mais tarde, quando se casarem e forem pais, tenderão a repetir, agindo da mesma forma. Se virem que seus pais se amam, sentir-se-ão motivados a amar. Se os pais se odeiam e se agridem, poderão levar esse mau exemplo para seus futuros lares.

II – O Relacionamento entre Pais e Filhos

I. Deveres dos filhos

"Vós, filhos, obedecei em tudo a vossos pais, porque isto é agradável ao Senhor" (3.20).

Paulo sentiu a necessidade de orientar, mesmo à distância, os filhos dos cristãos colossenses. Naturalmente, como em toda a comunidade cristã, existem problemas entre pais e filhos, e entre filhos e pais. Mas a Palavra de Deus tem a orientação sábia e segura para um relacionamento sadio, fundamentado nos sagrados princípios do criador da família. O apóstolo diz aos filhos que eles devem obedecer a seus pais "em tudo", ou seja, em todas as áreas da vida. É lógico, à luz da Palavra de Deus, que os pais não devem exigir dos filhos o que não é condizente com os princípios bíblicos. Se um pai descrente exige que seu filho, adolescente ou jovem, o acompanhe para a bebedeira ou para a prostituição, é de todo coerente que o filho não aceite tal proposta, visto que fere a "lei maior", que é a Palavra de Deus. Mas, "em tudo" o que for lícito, honesto, conveniente e que não atente contra a moral cristã, os filhos devem obedecer a seus pais. Aos efésios, Paulo tem um ensinamento equivalente, que corrobora a exortação dada aos colossenses. Diz o apóstolo: "Vós, filhos, sede obedientes a vossos pais no Senhor, porque isto é justo. Honra a teu pai e a tua mãe, que é o primeiro mandamento com promessa, para que te vá bem, e vivas muito tempo sobre a terra" (Ef 6.1-3). A obediência dos filhos aos pais é mandamento com promessa de vida abençoada ("te vá bem") e de longevidade.

Numa igreja local, um menino observava o velho pastor, encanecido pelos anos, à frente do púlpito. E, dirigindo-se à sua mãe, indagou: "Mãe, aquele pastor deve ter sido um ótimo filho, não foi?" A mãe, admirada, disse: "Por que, meu filho?" O menino respondeu: "Porque, na Escola Dominical, eu aprendi que os filhos obedientes vivem muito sobre a terra". Podemos anotar, com base nas Escrituras, alguns dos sagrados deveres que os filhos cristãos devem observar, reforçando o ensino de Paulo aos colossenses; dentre eles, sem dúvida, o princípio de todos é guardarem a Palavra de Deus (cf. Sl 119.11). Adolescentes e jovens só poderão ser felizes, na vida, se procurarem obedecer a Palavra de Deus, lendo-a, ouvindo-a de seus pais ou na igreja (quando seus pais não são crentes). Sadraque, Mesaque e Abede-Nego, jovens crentes, foram lançados no fogo e salvos por Deus, porque obedeciam à Palavra. Ester soube viver no palácio do rei, pois conhecia e obedecia a Deus.

Obedecer e honrar pai e mãe é mandamento cristão. A Palavra de Deus, através da exortação do apóstolo Paulo, dirige-se aos filhos: "Vós, filhos, sede obedientes a vossos pais no Senhor, porque isto é justo. Honra a teu pai e a tua mãe, que é o primeiro mandamento com promessa, para que te vá bem, e vivas muito tempo sobre a terra" (Ef 6.1-3); "Vós, filhos, obedecei em tudo a vossos pais, porque isto é agradável ao Senhor" (Cl 3.20). A obediência é uma atitude de justiça dos filhos para com os pais e para com Deus. É agradável. Ao contrário, a desobediência desonra e é desagradável. A honra dos filhos aos pais é garantia de futuro feliz; é mandamento, com promessa de felicidade — "te vá bem" — e muitos anos de vida. Há muitos que morrem cedo ou vivem infelizes, pois

Deus cobra deles pela desobediência à sua Palavra. Essa cobrança pode vir depois, no casamento, na velhice. Em Eclesiastes 12.1, adverte a Palavra de Deus: "Lembra-te do teu Criador nos dias da tua mocidade, antes que venham os maus dias, e cheguem os anos dos quais venhas a dizer: Não tenho neles contentamento". Os jovens crentes precisam estar atentos ao que está acontecendo no mundo de hoje, quando muitos estão sendo vítimas da desobediência a seus pais; afinal, como nos diz a Palavra de Deus, é melhor obedecer do que sacrificar.

As Escrituras ressaltam que é preciso saber ouvir, e não apenas escutar, ao exortar os filhos a que ouçam a instrução dos pais (Pv 1.8). Quando os pais ensinam os filhos, de acordo com a Palavra de Deus, é muito importante saber ouvir para obedecer e honrar. Em Provérbios 4.1-10, temos preciosos ensinamentos para os filhos:

> *Ouvi, filhos, a correção do pai e estai atentos para conhecerdes a prudência. Pois dou-vos boa doutrina; não deixeis a minha lei. Porque eu era filho de meu pai, tenro e único em estima diante de minha mãe. E ele ensinava-me e dizia-me: Retenha as minhas palavras o teu coração; guarda os meus mandamentos e vive. Adquire a sabedoria, adquire a inteligência e não te esqueças nem te apartes das palavras da minha boca. Não desampares a sabedoria, e ela te guardará; ama-a, e ela te conservará. A sabedoria é a coisa principal; adquire, pois, a sabedoria; sim, com tudo o que possuis, adquire o conhecimento. Exalta-a, e ela te exaltará; e, abraçando-a tu, ela te honrará. Dará à tua cabeça um diadema de graça e uma coroa de glória te entregará.*

Ouve, filho meu, e aceita as minhas palavras, e se te multiplicarão os anos de vida.

2. Deveres dos pais

"Vós, pais, não irriteis a vossos filhos, para que não percam o ânimo" (3.21).

Os pais são exortados a não irritarem os filhos. Irritar (gr. *erethizein*), no texto, tem o sentido de ofender, ferir. É o tipo de tratamento que não condiz com o caráter cristão. Os pais não devem ser apenas genitores; devem ser pais, no verdadeiro sentido da palavra. O genitor é aquele que gera; o pai é aquele que, além de gerar, ama, cuida, zela, instrui, educa, orienta, e, acima de tudo, dá exemplo aos filhos. Certamente, Paulo já houvera observado que, em muitos lares, há pais que provocam os filhos com palavras duras, e até maldizentes. Esse não é o relacionamento bíblico entre pais e filhos. Os "filhos são herança do Senhor, e o fruto do ventre, o seu galardão" (Sl 127.3). Se eles são herança de Deus e um prêmio para os pais, precisam ser tratados com muito cuidado e amor. Esse cuidado inclui a vida espiritual dos filhos. Os pais cristãos são sacerdotes no lar; eles representam Deus no seio da família. O ensino da Palavra de Deus é a base para a formação espiritual, moral, emocional e social dos filhos. Estes precisam saber o valor da Palavra de Deus, compreendendo que a autoridade de Deus, a autoridade da Igreja, a autoridade dos pais, e a autoridade humana, provêm de Deus, quando legitimamente executadas. Isso é importante para que não se revoltem contra a autoridade. Muitos filhos são "irritantes" porque não têm temor de Deus; e por conseguinte, não sabem o que é obedecer ao Senhor, e muito menos aos pais.

Por isso, é importante que sejam alimentados com a Palavra, e não com gritos, ameaças e exigências, às vezes excessivas. Diz Paulo: "E vós, pais, não provoqueis a ira a vossos filhos, mas criai-os na doutrina e admoestação do Senhor" (Ef 6.4). O apóstolo sabia o valor da Palavra na educação espiritual e moral dos filhos. Ela tem mais poder do que gritos ou surras. É lógico que o ensino em si não dispensa outros cuidados. A oração no lar é indispensável. O culto doméstico, tão desprezado nos dias presentes, é um meio extraordinário na formação da personalidade e do caráter dos filhos. Os pais de Jesus deram grande exemplo na criação do filho primogênito: "E o menino crescia e se fortalecia em espírito, cheio de sabedoria; e a graça de Deus estava sobre ele" (Lc 2.40). Esse crescimento espiritual e intelectual era fruto de uma educação séria, em que a criança era levada a conhecer a Lei (torá) de tal forma que, aos doze anos, já deveria saber de cor os trechos do Pentateuco, a serem recitados na cerimônia do *bar mitzvah*, quando o adolescente passava a ser responsável pelos seus atos diante de Deus.

Hoje, há um grande perigo na formação espiritual dos filhos dos cristãos, pois há um grande afrouxamento na formação espiritual da família. A televisão, com toda a sua programação recheada de demonismo, violência, vícios, jogos e outros entretenimentos, toma o lugar do culto doméstico. Das 168 horas da semana, uma criança ou adolescente passa apenas umas quatro ou seis freqüentando a igreja, na Escola Dominical ou nos cultos. Há mais possibilidade de haver influência marcante na mente dos filhos pelo ensino deturpado da mídia secular do que pela doutrina ministrada nas igrejas locais. Paulo tinha o cuidado com a família, pois sabia que ela é, de fato, a célula-mãe da sociedade. Se essa se degenerar, a sociedade se degenera, e a igreja, por sua vez, sofre as conseqüências.

III – Deveres dos Servos Cristãos

1. Obedecer em tudo

> *"Vós, servos, obedecei em tudo a vosso senhor segundo a carne, não servindo só na aparência, como para agradar aos homens, mas em simplicidade de coração, temendo a Deus"* (3.22).

À época em que a epístola foi escrita, só havia duas classes sociais: a dos senhores e a dos servos, ou dos escravos. Havia também muitos escravos que se tornaram cristãos, o que geralmente não mudava sua condição. O regime de escravidão era comum no Oriente, inclusive em Israel. E o cristianismo, de início, não os libertou social e economicamente de seus antigos senhores. Paulo incluiu em seu ensino orientações importantes àquela classe social, visto que, uma vez convertidos, não sabiam ao certo como conviver com sua condição na sociedade e na igreja. Essa preocupação do apóstolo não alcançava só os crentes da Igreja em Colossos; ele escreveu a outras comunidades cristãs sobre esse delicado tema (cf. I Pe 2.18-25; Ef 6.5-8; I Co 7.21-24). Em nenhum momento vê-se o apóstolo aprovando o regime de escravidão, nem, da mesma forma, o reprovando abertamente. Talvez algum cristão tenha pensado em liderar um levante dos escravos contra seus senhores, como hoje o querem os que são adeptos da "Teologia da Libertação", que adotou princípios revolucionários em sua ideologia. Porém, segundo estudiosos do tema, teria sido um suicídio para o cristianismo se os apóstolos houvessem incentivado uma revolta contra o sistema escravocrata. Diz W. Bousset, citado por Ralph Martin:

> *O cristianismo teria afundado além de qualquer esperança de recuperação, juntamente com outras tentativas revolucionárias deste tipo; poderia ter provocado um novo levantamento dos escravos, e ter sido esmagado juntamente com ele. O tempo não estava propício para a solução de tais questões difíceis.*[2]

O cristianismo que Paulo pregava não era revolucionário pela força das armas; ele tinha (e tem) o poder da Palavra de Deus, na inspiração do Espírito Santo. Através dessa força e desse poder é que se esperava a libertação do homem, de todos os males e injustiças a que estava submetido. A grande revolução do cristianismo foi a revolução do amor. Jesus desapontou a todos de sua época, acostumados à lei de talião, quando disse: "Ouvistes que foi dito: Olho por olho e dente por dente... Ouvistes que foi dito: Amarás o teu próximo e aborrecerás o teu inimigo. Eu, porém, vos digo: Amai a vossos inimigos, bendizei os que vos maldizem, fazei bem aos que vos odeiam e orai pelos que vos maltratam e vos perseguem, para que sejais filhos do Pai que está nos céus..." (Mt 5.38,43-45). Essa foi a grande revolução cristã. E exatamente com seus princípios foi que a humanidade pôde experimentar a verdadeira libertação. Primeiro, a libertação espiritual; depois, a libertação da maldade e da injustiça contra o ser humano — dentre as quais a escravidão sempre foi considerada hedionda, inaceitável e totalmente contrária à vontade de Deus.

Mas, não sendo adepto do uso das armas e da força, para a libertação dos escravos, Paulo preferiu levá-los à "revolução espiritual", libertando-os do ódio aos seus senhores e levando-os à obediência pelo amor, até que alcançassem a libertação social, através da não-violência. Assim, ele exortou os servos, ou escravos cristãos, que obedecessem a seus senhores "segundo a carne, não servindo só na aparência, como para agradar aos homens". Certamente, ao tomarem conhecimento dessa recomendação, muitos escravos cristãos sentiram-se frustrados por não terem sido incitados à rebelião. Porém, os que a receberam, sem dúvida alguma, colocaram-se numa posição superior à de seus senhores descrentes. Eles foram exortados a obedecer, não apenas sob vigilância e ameaça do chicote, "mas em simplicidade de coração, temendo a Deus". Assim fazendo, por mais paradoxal que pareça, eles estavam obedecendo ao Senhor dos senhores. E a história da humanidade, por força da revolução espiritual dos cristãos, pôde ver a libertação dos escravos através do poder do evangelho. Quando senhores e servos tornaram-se cristãos, entenderam que não poderiam continuar naquela condição perversa.

2. Ao Senhor, e não aos homens

"E, tudo quanto fizerdes, fazei-o de todo o coração, como ao Senhor e não aos homens" (3.23).

Não é fácil ser cristão; é fácil ser membro de uma igreja evangélica, de uma comunidade, de um clube, de uma associação. Ser cristão é difícil. O caminho é realmente estreito, e poucos são os que o encontram. Ser escravo, sob o jugo de um senhor muitas vezes ímpio e mau, e ter de fazer o trabalho "de todo o coração", com diligência, interesse e zelo, é algo impensável na sociedade moderna; ademais, fazer tudo isso "em nome do Senhor e não aos homens" só é possível se houver uma grande porção da graça de Deus no coração. Do contrário, só revolta, ódio e ressentimento poderão prevalecer. Mas a revolução espiritual que Cristo trouxe ao mundo superou tudo que se possa imaginar em termos de relações no trabalho.

3. O galardão do Senhor

> *"sabendo que recebereis do Senhor o galardão da herança, porque a Cristo, o Senhor, servis"* (3.24).

O servo do Senhor, mesmo sendo escravo de senhores humanos, deve ter em mente que, fazendo tudo "em nome do Senhor", receberá dEle "o galardão da herança", visto que, mesmo na condição social inferior, está servindo a Cristo. Poderá não receber nenhum prêmio da parte do homem; poderá não ser reconhecido pelos seus patrões; poderá até não ser promovido em seu trabalho; mas, como servo de Deus, é-lhe assegurado o galardão certo, em recompensa pela sua obediência e fé. Não é fácil ser cristão. A lógica do evangelho colide frontalmente com os pressupostos das teorias sociais. O cidadão do céu tem direitos e deveres terrenos, e deve zelar por eles. Mas, acima de tudo, tem direitos e deveres espirituais, que se sobrepõem a tudo o que for terreno ou material.

4. Não há acepção de pessoas

> *"Mas quem fizer agravo receberá o agravo que fizer; pois não há acepção de pessoas"* (3.25).

O texto não é bem claro se Paulo refere-se ao escravo ou ao senhor. Mas pode-se deduzir que ele se dirige a ambos, pois Deus não faz distinção de pessoas. De princípio, a recomendação é para os servos, pois só em 4.1 Paulo dirige-se aos senhores cristãos. Ao que tudo indica, o apóstolo queria dizer aos escravos crentes que não deveriam agir com desonestidade, ou fazendo agravo a seus senhores, pois, estando servindo a Cristo, e não aos homens, estavam sob os olhares atentos daquEle que tudo vê.

IV – Deveres dos Senhores Cristãos

> *"Vós, senhores, fazei o que for de justiça e eqüidade a vossos servos, sabendo que também tendes um Senhor nos céus"* (4.1).

Mesmo sem se pronunciar contra a prática da escravidão, pelos motivos já destacados, Paulo orienta os senhores (gr. *kyrioi*) cristãos que eles devem ter outro tratamento para com os que lhes estão sujeitos, naquele regime social. Isto porque "... se alguém está em Cristo, nova criatura é: as coisas velhas já passaram; eis que tudo se fez novo" (2 Co 5.17).

Se um servo cristão tem o dever de comportar-se de modo digno do evangelho, fazendo seu trabalho, não menos pode ser exigido de um senhor, ou patrão, que nasceu de novo. Há uma reciprocidade no tratamento a ser observado. De fato, o que existe entre patrão e empregado cristãos é uma diferença social e econômica; porém, diante de Deus, o servo não é menor, que o seu senhor, nem este é maior que o servo. Aliás, o apóstolo, dirigindo-se a Filemom, um senhor convertido, envia-lhe Onésimo, seu servo fugitivo, chamando-lhe "meu filho", e lhe diz que o recebe "não já como servo; antes, mais do que servo, como irmão amado" (Fm 16). Com esse ensino, Paulo exorta aos senhores que tratem os seus servos de modo diferente.

1. Fazendo o que for de justiça (gr. *Dikaios*)

Aqui, percebemos que Paulo, mesmo não incitando a rebelião dos escravos ou a abolição da escravatura, traz tremenda contribuição ao relacionamento entre senhor e servo. Ele exorta os senhores cristãos que tratem seus servos, "fazendo o que for de justiça". No relacionamento entre senhor e servos descrentes não havia essa exigência. O escravo era uma propriedade do "dono", que dispunha inclusive de sua vida, podendo (ilegitimamente) ordenar sua morte por qualquer ato mal-feito ou negligente; o escravo descrente não tinha dignidade, não tinha o mínimo respeito de seus amos; era comparado a uma "coisa", aos olhos do seu senhor. Mas, como servos de Cristo, servo e senhor não mais deveriam cultivar um tratamento injusto e desumano. O servo deveria obedecer e fazer seu trabalho, "como ao Senhor, e não aos homens"; e o patrão deveria dar um tratamento justo àqueles que lhe eram subordinados. O termo "justiça", segundo esta compreensão do texto em foco, tem o sentido de "justo", "correto", "com retidão".

O senhor cristão não podia mais exigir do servo trabalho em excesso, desumano, sobre-humano, nem mais castigá-los fisicamente. Agora, eles eram "irmãos" em Cristo, o que já era uma revolução social que ultrapassava toda a lógica do seu tempo. Mesmo no Antigo Testamento, quando o regime de escravidão já era praticado, havia recomendação na Lei para que os servos fossem bem tratados (cf. Lv 25.43).

Aplicando esse princípio aos dias de hoje, nas igrejas e lares cristãos, faz-se necessário uma reflexão de caráter ético. Em muitos lares cristãos, há irmãs que são "empregadas", ou "domésticas", que são tratadas praticamente como escravas. Não recebem o salário justo, não têm carteira de trabalho assinada, são submetidas à exploração pelas suas patroas (e patrões) crentes, e são despedidas por quaisquer motivos, ao bel prazer de seus patrões — e sem qualquer direito trabalhista que lhes são assegurados. Isso é justo? Certamente, não. O que Paulo ensinou aos senhores cristãos pode, e deve, ser aplicado aos atuais senhores e senhoras crentes, que devem "fazer o que for de justiça" para com seus servos, empregados e assemelhados, nos lares e em seus estabelecimentos ou empresas.

2. Fazendo o que for de equidade (gr. *Isotes*)

Não havia leis trabalhistas que delimitassem os direitos e os deveres dos patrões, e muito menos dos servos. O senhor podia fazer o que bem quisesse com eles, pois eram considerados meras propriedades da casa. Porém, como cristãos, senhor e servo estavam debaixo da autoridade da lei maior, que é a Palavra de Deus. Fazer o que fosse "de equidade" equivalia a dizer que os senhores deveriam dar o mesmo tratamento a todos os servos, fossem homens ou mulheres, jovens ou adultos. Paulo, exortando os efésios sobre o relacionamento entre senhor e servo, disse: "E vós, senhores, fazei o mesmo para com eles, deixando as ameaças, sabendo também que o Senhor deles e vosso está no céu e que para com ele não há acepção de pessoas" (Ef 6.9). Isso é equidade. Deus não faz acepção de pessoas.

---

[1] MARTIN, Ralph P. *Colossenses e Filemom*, p. 129.

[2] Ibid., p. 132.

Capítulo 11

A Oração e o Testemunho do Crente

Colossenses 4.2-6

"Perseverai em oração, velando nela com ação de graças" (Cl 4.2).

A vida de oração e o estudo da Palavra, em constante vigilância e ação de graças, são a base do verdadeiro testemunho cristão. A igreja de Colossos estava constantemente cercada por hostes espirituais da maldade, que utilizavam os ensinos heréticos para desviar os crentes do verdadeiro caminho — Cristo —, em direção aos céus. Tais ensinos são movidos por inspiração diabólica e são de natureza espiritual; não são meramente filosofias, teorias, tratados, lógica ou retórica. São idéias poderosas, cheias de erros e desvios doutrinários, que têm como objetivo prejudicar e destruir a fé cristã.

Desse modo, o apóstolo Paulo exortou os crentes a se dedicarem à oração. Sem esse recurso valioso e indispensável à vitória contra o mal é impossível o crente — como também a Igreja — resistir às investidas das heresias. Em muitos lugares, há igrejas que se dividem, perdendo um grande número de membros para seitas e movimentos estranhos, que muitas vezes se escondem atrás de uma fachada de "santidade". Só com muita oração e estudo da Palavra de Deus é que o erro pode ser afastado. A oração, segundo o apóstolo, é indispensável para que "Deus abra a porta da palavra", ou seja, para que haja oportunidade e liberdade para que o evangelho seja pregado aos pecadores.

Na carta, Paulo dá excelente incentivo ao testemunho cristão autêntico. Na verdade, a pregação do evangelho, sem o testemunho de uma vida santa e irrepreensível, perde força e consistência. Pregar com palavras é de grande valor, mas quando à pregação é acrescentado o testemunho, a mensagem do evangelho torna-se viva e eficaz em seus efeitos.

I – Uma Vida em Oração

"Perseverai em oração, velando nela com ação de graças" (4.2).

1. Orando com perseverança (4.2a)

Perseverar, no grego, é *proskartereo*, e tem o sentido de "dedicar", "continuar firme"; "o que subentende desvelada persistência, fervor e apego à oração" (BEP); também significa "apegar-se a", "ocupar-se ativamente de". A oração faz parte da vida devocional do crente em Jesus, ao lado da leitura da Bíblia e do louvor sincero, que sai do íntimo do ser de cada servo de Deus. Em outras cartas, o apóstolo Paulo faz referência ao valor da oração. O Novo Testamento valoriza a oração de modo enfático (cf. At 1.14; 2.42,46; Rm 12.12ss.).

> *Nos dias em que vivemos, sentimos de perto quanto tem sido desvalorizada a vida devocional diária. Há pessoas que só oram em momentos de crise, quando, certamente, não estão preparados espiritual e emocionalmente para enfrentar os embates muitas vezes inesperados que a vida apresenta. Muitos são esmagados pelo fragor das lutas e tribulações.*[1]

A experiência diária demonstra que orar não é fácil. Há uma tendência muito grande, entre os crentes, nas igrejas locais, a se descuidar da oração.

O adversário da Igreja tem procurado por todos os meios evitar que os crentes orem. Ele sabe que na vida diária de oração está o segredo do sucesso pessoal de cada crente — como também da Igreja, no sentido coletivo. Sem oração, a pregação não passa de oratória; sem oração, o louvor não passa de cantoria; sem oração, o ensino não passa de teoria; sem oração, a administração não passa de um exercício de tecnicismo organizacional; sem oração, o crente fracassa na vida, diante das lutas; sem oração, o crente não passa de uma criatura de Deus, semelhante a quaisquer outros homens; sem oração, a família é avassalada pelo Diabo, e se degrada ante os embates do mundo e da carne; sem oração não há poder, não há graça, não há direção sábia, não há vida cristã.

Para que o crente persevere na oração, diante das forças que se lhe opõem, faz-se necessário um constante exercício de disciplina da vontade. Não apenas o Diabo levanta empecilhos para que o crente não ore, mas também o mundo constitui-se uma força que se opõe ao seu crescimento espiritual através da oração. "Porque tudo o que há no mundo, a concupiscência da carne, a concupiscência dos olhos e a soberba da vida, não é do Pai, mas do mundo" (I Jo 2.16). Da mesma forma, a própria natureza carnal do crente procura fazer com que ele não ore, tornando-se displicente e relapso para com sua vida espiritual. No entanto, o crente deve perseverar em buscar a Deus em oração, que através do seu Santo Espírito nos garante a vitória.

Davi era homem de oração; orava três vezes ao dia (cf. Sl 55.17); Jesus orava sistematicamente, no Getsêmani, diante da dura missão que tinha a cumprir (cf. Mt 26.44a). Diz a Palavra de Deus: "Orai sem cessar" (I Ts 5.17). Jesus ensinou sobre a oração perseverante e persistente (cf. Lc 18.1); uma das razões para o extraordinário sucesso da Igreja em seus primórdios foi a vida de oração dos crentes. Eles "perseveraram... nas orações" (At 2.42).

2. "Velando" na oração (4.2b)

A oração e a vigilância são como os dois remos de um barco. Só com os dois é que o remador consegue levá-lo adiante; se fizer uso de um remo só, o barco não sairá do lugar. O termo "velar" (gr. *gregoreo*), usado por Paulo em sua exortação aos colossenses, significa "estar vigilante", "estar alerta". "Velando nela" quer dizer estar alerta durante o período de oração; estar alerta na vida de oração. Em diversas referências, a

Palavra de Deus chama a atenção para o valor da vigilância e da oração. Pedro diz: "... vigiai em oração" (I Pe 4.7); "Sede sóbrios, vigiai, porque o diabo, vosso adversário, anda em derredor, bramando como leão, buscando a quem possa tragar" (5.8). Paulo, aos efésios, diz: "orando em todo tempo"; "e vigiando nisso com toda perseverança" (Ef 6.18).

Em muitas igrejas, dentre as diversas atividades que são ali desenvolvidas, a menos enfatizada e prestigiada é a da oração. Quando é convidado para ali se apresentar algum famoso cantor evangélico ou personalidade, geralmente o que se vê é uma multidão acotovelando-se no templo, e até mesmo do lado de fora. Da mesma forma, não é de se admirar que qualquer outro evento ali realizado desperte mais interesse que uma reunião de oração, que quase sempre se resume a uns poucos irmãos, em meio a um templo cheio de lugares vazios.

Se não houver um incentivo à oração, existe uma tendência natural ao descaso por essa prática, que é a base de todas as atividades nas igrejas cristãs. Pode-se entender que a exortação de Paulo à vigilância na oração, tanto no sentido individual quanto no coletivo, tem grande valor para os dias presentes. Por que vigiar na oração? Naturalmente, porque há ameaças espirituais que conspiram contra ela. Dentre essas ameaças, pode-se enumerar o cansaço físico, o cansaço mental, a preguiça, o desvio de concentração, o apelo da televisão, a falta de planejamento da agenda diária, e de outros fatores que prejudicam a vida devocional. Nos cultos, se não houver vigilância, a maior parte do tempo é destinada aos cânticos; e na vida de devoção individual, igualmente, se não houver vigilância, o crente tem tempo para tudo, menos para dedicar-se à oração.

3. Orando "com ação de graças" (4.2b)

Um segundo elemento importante na oração, além da vigilância, é a "ação de graças". Há duas interpretações quanto a essa expressão. Certos estudiosos da Bíblia entendem que a mesma não está diretamente associada à oração; seria independente. Outros, no entanto, defendem que a "ação de graças" deve estar sempre fazendo parte da oração. Diz Maclaren:

> *Toda oração deveria ser misturada com gratidão, pois sem esse perfume, o incenso da devoção não tem um dos elementos fragrantes... a oração mais completa eleva-se confiante desde um coração grato, que tece a memória em esperança e que solicita muito, porquanto muito tem recebido... As ações de graças são a pena que dá asa à flecha da oração — a altura de onde nossas almas mais facilmente se elevam para os céus.*[2]

De fato, nós temos muito mais a agradecer a Deus do que a lhe pedir. É só lembrar que há muitas bênçãos das quais nem sequer temos conhecimento, ou não temos consciência. A mente humana tem o hábito de lembrar-se apenas daquilo que lhe chama a atenção. Mas Deus nos dá muito mais do que pedimos ou pensamos (cf. Ef 3.20). Na prática, porém, o que ocorre é o inverso. Sempre há alguém pedindo mais do que agradecendo a Deus. Na Epístola aos Colossenses há sete referências a "ação de graças" (1.3,12; 2.7; 3.15.16,17; 4.2).

II – "Deus nos abra a porta da palavra"

> *"orando também juntamente por nós, para que Deus nos abra a porta da palavra, a fim de falarmos do mistério de Cristo, pelo qual estou também preso"* (4.3).

I. Deus abre a porta

Ele abre porta onde não há porta; e abre porta onde já existe porta. Paulo pede orações por ele e por seus amigos: "orando também juntamente por nós". Para que o evangelho seja pregado é necessário que "a porta da palavra" esteja aberta. Em muitos lugares, no mundo, as portas para a evangelização estão terrivelmente fechadas, como, por exemplo, nos países muçulmanos — notadamente os da janela 10-40 —, onde há muitas restrições para a mensagem do evangelho de Cristo. Em alguns países, ainda hoje igrejas são queimadas e muitos crentes são presos e torturados. Daí a importância de se orar pelos obreiros, especialmente pelos missionários, para que Deus lhes "abra a porta da palavra", a fim de que possam levar a mensagem aos povos não alcançados. Certamente, o apóstolo sentia alguma dificuldade em transmitir a mensagem de Cristo aos pecadores, por onde desenvolvia sua missão, como embaixador do Reino de Deus, e, principalmente, pelo fato de estar preso. E aproveitou para pedir aos irmãos de Colossos que orassem "juntamente" por ele e por seus companheiros, para que Deus lhes abrisse "a porta da palavra", referindo-se à oportunidade para pregar o evangelho.

Às vezes, surgiam muitas oposições, diante das "portas" que se abriam (cf. 1 Co 16.9; 2 Co 2.12). A oração era necessária para que a Palavra de Deus tivesse "livre curso" (2 Ts 3.1). Em muitos lugares, a missão de pregar o evangelho não tem sido bem-sucedida porque muitos pregadores confiam mais no seu talento, nos seus estudos teológicos e nos métodos que utilizam para falar de Cristo. Porém, só Deus pode abrir as portas da evangelização.

2. Falando do "mistério de Cristo"

A "porta da palavra" deveria ser aberta por Deus, a fim de que os obreiros pudessem falar do "mistério de Cristo". Esse "mistério" já fora revelado por Paulo em textos anteriores da carta; "o mistério que esteve oculto", mas que "foi manifesto aos santos" (1.26), que é "Cristo em vós, esperança da glória" (1.27). Paulo rogava as orações para que "a palavra da confiança" — a Palavra de Cristo — pudesse ser-lhe dada, no abrir da sua boca, "para fazer notório o mistério do evangelho" (Ef 6.19). O apóstolo sabia quanto era difícil tentar levar a mensagem aos descrentes, e as razões por que é difícil pregar o evangelho são várias. Paulo distingue duas muito sérias: 1) O "homem natural" se opõe a Deus (1 Co 2.14; Rm 8.7); 2) O Diabo persegue, cegando os entendimentos (Ef 2.2; 2 Co 4.4). Diante disso, só o Espírito Santo convence o pecador, cego, surdo e morto (Jo 16.8-11). O "mistério de Cristo", ou seja, a bênção da salvação, que, pelo Espírito Santo, implanta Cristo ("em vós") no coração do homem, é algo que transcende toda a compreensão humana. Daí porque "a paz de Deus", que vem através de Cristo, "excede todo o entendimento" (Fp 4.7). Revelar esse "mistério", através da mensagem proclamada, é fazer entender qual é "a largura, e o comprimento, e a altura, e a profundidade", do "amor de Cristo, que excede todo entendimento" (Ef 3.18,19).

O "mistério" foi revelado, mas seu entendimento só se torna possível mediante a graça de Deus, pela ação no coração do pecador que se arrepende de seus pecados e confessa a Cristo como seu Salvador. Ao escrever aos colossenses, Paulo encontrava-se preso, provavelmente em Roma. Não se sabe ao certo o lugar de sua detenção; contudo, é significativo saber que, mesmo algemado (gr. *dedemai*), privado de sua liberdade individual, ele não emite qualquer sinal de fraqueza, desânimo ou descrença. Ele estava na prisão por causa do evangelho; no entanto, em lugar de murmuração, ele passa para seus discípulos uma mensagem de otimismo, de fé, de coragem e amor, como se pode ver, quando escreve aos efésios: "Rogo-vos, pois, eu, o preso do Senhor, que andeis como é digno da vocação com que fostes chamados, com toda a humildade e mansidão, com longanimidade, suportando-vos uns aos outros em amor, procurando guardar a unidade do Espírito pelo vínculo da paz" (Ef 4.1-3).

III – Como Convém Falar

Paulo estava preso, mas sentia o dever de continuar a pregar a Palavra de Deus. E pede aos colossenses para que orem por ele, para que Deus lhe mostre a maneira pela qual deve falar a mensagem: "para que o manifeste, como me convém falar" (4.4). Estaria ele com receio de expor a mensagem de modo a prejudicar alguém, ou a ele próprio? Não se sabe ao certo o porquê desse pedido em sua oração, mas, certamente, tinha razão de ser. Há pregadores que pregam sem prudência, e dizem o que querem, no púlpito ou em praça pública, sem perceber que, muitas vezes, podem causar transtornos à igreja local, prejudicando os crentes diante da comunidade em que vivem. Este comentador sabe de um caso em que um obreiro, numa cidade interiorana, teve que sair escondido pelos amigos, para não ser agredido por pessoas do lugar. Isto porque usou de palavras agressivas no púlpito, provocando a ira de muitos.

O apóstolo, não obstante ser um grande pregador, ensinador e apologista, sabia que a Palavra deve ser pregada com fidelidade, mas sem que seja esquecida a prudência, a ética, a conveniência e a oportunidade. Ele era homem de Deus, credenciado para proclamar a mensagem do evangelho, e, mesmo preso, não se considerava um pobre coitado, mas um "representante" do Reino: "pelo qual sou embaixador em cadeias; para que possa falar dele livremente, como me convém falar" (Ef 6.20). O pedido que fizera aos efésios, ele repetia nesta ocasião aos colossenses, para que Deus lhe manifestasse a forma conveniente de transmitir a mensagem. Manifestar, no grego, é *phaneroun*, e tem o sentido de "tornar claro, compreensível, notório, patente, público". E isso era o que o apóstolo queria. Mesmo estando encarcerado, não se conformava em guardar a mensagem para si. Desejava que, a partir da prisão, o evangelho fosse pregado de modo relevante. Esta é, sem dúvida, uma lição de coragem e fé inabaláveis (cf. Sl 125.1).

IV – O Testemunho que Faz Diferença (4.5,6)

1. Andando com sabedoria (4.5)

> *"Andai com sabedoria para com os que estão de fora..." (4.5a).*

Paulo exorta os crentes a andar "com sabedoria para com os que estão de fora" (gr. *tous exo*), ou seja, para com os descrentes, para com os que não são cristãos. Em outra tradução, pode-se ler: "portai-vos (gr. *peripateo*) com sabedoria..." Essa exortação quanto ao "andar" ocorre noventa e seis vezes no Novo Testamento. É uma metáfora muito comum nos escritos antigos, dando idéia do modo de viver das pessoas, da conduta e do comportamento (ver Sl 128.1). Os colossenses viviam em uma comunidade contaminada pelas heresias gnósticas. Se não tivessem sabedoria, concedida por Deus, facilmente seriam levados pelos enganos e engodos dos falsos ensinos. E, além do desvio doutrinário, poderiam apresentar um testemunho negativo de sua fé e conduta, causando escândalos ao evangelho de Cristo. Os crentes em Jesus são "sal da terra" e "luz do mundo", e são exortados a andar de tal forma que sua luz resplandeça diante dos homens para que vejam as suas boas obras e glorifiquem ao Pai que está nos céus (cf. Mt 5.16). Esse é o testemunho que faz diferença. O sal é único em suas características; e a luz, da mesma forma, tem suas propriedades exclusivas, à vista de todos os que estão no ambiente iluminado.

A vida do cristão é uma vida de sabedoria, extraída das páginas do Livro Sagrado — a Bíblia. É Deus quem dá sabedoria (Pv 2.6); é bem-aventurado quem acha a sabedoria (Pv 3.13); o sábio diz que a sabedoria é coisa principal: "A sabedoria é a coisa principal; adquire, pois, a sabedoria; sim, com tudo o que possuis, adquire o conhecimento" (Pv 4.7). Exortação semelhante Paulo dirige a outros destinatários de suas cartas. Aos efésios, ele diz: "Portanto, vede prudentemente como andais, não como néscios, mas como sábios" (Ef 5.15); aos tessalonicenses, acrescenta: "para que andeis honestamente para com os que estão de fora e não necessiteis de coisa alguma" (I Ts 4.12). Percebe-se o cuidado do apóstolo com relação ao testemunho "para com os que estão de fora". É grandemente nocivo o mau testemunho de pessoas que se dizem cristãs, mas estão sempre envolvidas em escândalos — o que é perigoso para quem assim procede (cf. Mt 13.41; 18.7). Somente com a sabedoria, dada por Deus, é possível o cristão viver ("andar") de modo santo e agradável, digno do testemunho de servo de Cristo. Quando o apóstolo se refere aos "que são de fora", dá a idéia de que os crentes são "os que são de dentro". Aí se vê a diferença. De fato, os seguidores de Cristo são peregrinos e forasteiros neste mundo (cf. Hb 11.13; I Pe 2.11); estão no mundo, mas não são do mundo (cf. Jo 15.19).

2. "Remindo o tempo" (Cl 4.5b)

Em outra versão se lê: "aproveitai as oportunidades". A idéia de "remir" o tempo equivale a saber aproveitar as oportunidades, os dias e os períodos de tempo que Deus concede à Igreja. E isto compreende também cada crente, individualmente, no sentido de se fazer o que lhe é confiado, em face da missão deixada por Cristo, de se tornar conhecida a mensagem do Reino. Ao longo dos séculos, o cristianismo, através das igrejas locais e regionais, tem perdido muito tempo. Durante o período da Reforma, muito tempo se desperdiçou em discussões teológicas, que só causaram divisões e cisões entre os cristãos. Hoje, parece não ser diferente. Há muitas igrejas, denominações, movimentos, seitas e organizações que se apresentam como tendo a verdade de Cristo, e em lugar de união, há muita competição. O que se vê é pouca cooperação entre inúmeros segmentos da igreja organizada pelo mundo afora. E o tempo passa inexoravelmente, jamais podendo ser recuperado.

Dentro das igrejas locais, há muitos crentes perdendo tempo. Quantos há que, aos domingos, ou em outros dias da semana, deixam de ir à igreja para ficarem assistindo a programas de televisão que nada têm de edificantes e convenientes para a vida cristã; quantos não têm tempo para ler sequer um capítulo da Bíblia, ou para orar durante meia hora por dia, mas têm tempo para ler jornais, revistas e outros tipos de literatura; quantos que, enquanto a igreja está reunida, vão à praia, aos clubes e outros locais de lazer. Não se quer dizer com isso que o lazer, no momento oportuno, seja pecado; contudo, a perda de tempo é flagrante na vida de muitos que se dizem cristãos. Por isso, o apóstolo exorta os colossenses a remir o tempo. Em Efésios 5.16, o apóstolo esclarece melhor o porquê desse "resgate" do tempo: "remindo o tempo, porquanto os dias são maus". Trazendo para os nossos dias estas palavras do apóstolo Paulo, podemos ver que ainda hoje "os dias são maus". A juventude está sendo destruída; adolescentes, mesmo filhos de crentes, estão se desviando em grande número. Em parte, muitos pais são culpados, pois não estão remindo o tempo, dando uma educação espiritual adequada a seus filhos. O tempo está passando, e, sem dúvida, o Senhor irá cobrar dos servos o que fizeram com esse "talento" do tempo.

3. A palavra do crente

> *"A vossa palavra seja sempre agradável, temperada com sal, para que saibais como vos convém responder a cada um" (4.6).*

a) Palavra Agradável

Aqui, Paulo dá uma grande lição de relações humanas entre os crentes e entre "os que estão de fora". As palavras (gr.

logoi) são expressões do pensamento; através delas, o homem se comunica com Deus e com seus semelhantes. A palavra (gr. *logos*) do crente tem muito valor perante os homens; ela pode revelar o que está dentro do seu íntimo (do coração). Falando acerca das árvores e de seus frutos, o Senhor Jesus nos diz que a boca fala do que há em abundância no coração (cf. Lc 6.45). O salmista, da mesma forma, em suas palavras, regozijava-se no Senhor: "O meu coração ferve com palavras boas" (Sl 45.1). É exatamente este o sentido da exortação de Paulo, para que o crente em Jesus procure expressar-se com palavras, de tal forma que os que estão à sua volta sintam-se bem ao ouvi-lo. Ele é testemunha do Senhor e precisa comunicar a Palavra de Deus aos homens; se não souber fazê-lo ("como convém falar"), poderá jamais comunicar-se com alguém acerca de Deus, de Cristo e de seu evangelho. A palavra agradável é sinônima de "graciosa", que vem de *charis*, "graça". É a palavra que atrai os que a ouvem, com gentileza, amabilidade e respeito, fundada no amor com que devemos nos amar uns aos outros (Jo 13.34).

Quando, certa vez, mandaram prender a Jesus, os integrantes da guarda voltaram de mãos vazias. Indagados pelas autoridades o porquê da não detenção do indiciado, os servidores responderam: "Nunca homem algum falou assim como este homem" (Jo 7.46). A palavra de Jesus era agradável. Ainda que em algumas ocasiões teve de ser áspero com certas pessoas, como os fariseus e os vendilhões do Templo, sua palavra era sempre agradável. Da mesma forma, a palavra do cristão deve ser agradável, principalmente quando fala aos pecadores acerca da salvação. E no relacionamento com os irmãos na fé não deve ser diferente; também deve ele ter uma palavra que agrade, com respeito, educação e amor.

É por falta de uma palavra agradável que tem havido muitos problemas de relacionamento em igrejas locais; em muitos lugares, tem havido cisões e divisões, motivadas pela falta de "graça" na comunicação das idéias, ensinamentos e da doutrina. Numa igreja local, o dirigente dizia, no púlpito: "Aqui, quem manda sou eu; quem não estiver satisfeito, a porta é ali". Quase ficou só, se não fosse removido a tempo. Paulo sabia o valor da palavra com graça. Ele exortou: "Não saia da vossa boca nenhuma palavra torpe, mas só a que for boa para promover a edificação, para que dê graça aos que a ouvem" (Ef 4.29). Não se deve confundir palavra agradável com palavra "engraçada", cheia de piadas e expressões vulgares, o que, igualmente, pode ser uma "palavra torpe". O que o apóstolo Paulo quer dizer com "palavra agradável" é a palavra cheia da graça de Deus; aquela que edifica, que alcança o coração do pecador e transmite-lhe o amor de Cristo.

b) "Temperada com Sal"

Intérpretes da Bíblia não são unânimes quanto ao significado dessa expressão; porém, ao que tudo indica, deve referir-se à linguagem cristã sadia, isenta de expressões corrompidas. O sal preserva, conserva e dá sabor; assim deve ser a palavra do crente em Jesus. É o contrário da palavra "insípida", que, se por um lado tem o poder de dividir e criar contendas, pode também se resumir a uma palavra inconsistente e sem efeito. Qualquer um que tem o senso de observação percebe quando a palavra tem "sal". Quando o pregador está cheio da unção de Deus, e tem uma mensagem significativa e relevante para o momento, as pessoas dizem que ele tem "o sal" da graça para transmitir a Palavra. Ao contrário, porém, quando o pregador passa uma hora tentando transmitir a Palavra, e não consegue expressar-se com graça, diz-se que ele está insípido, ou "sem graça". No texto, certamente, não é esse o sentido que o apóstolo quer enfatizar. Sem dúvida, ele quer ensinar que, no relacionamento dos crentes com as outras pessoas é necessário que a palavra seja interessante, atraente e significativa para quem ouve. A palavra "agradável" e "temperada com sal" é a palavra que mantém o ouvinte atento à fala ou à mensagem transmitida. É a palavra com unção de Deus.

"Temperada" é uma palavra que vem do termo "tempero", emprestado da culinária. E sabe-se que uma comida temperada é aquela que é bem é feita, ou seja, tem sal na medida certa. Na vida cristã, há pessoas que desejam pregar, ensinar ou evangelizar, mas, como são exageradas em sua maneira de ser — ou, ao contrário, quando são por demais pusilânimes ––, não são ouvidas e acabam sendo rejeitadas. Isto ocorre, por vezes, porque umas têm "sal de mais", e outras porque têm sal de menos, ou já são "insípidas" em seu viver. O homem que tem a palavra "temperada com sal" procura a medida certa das palavras, na presença de Deus, em oração, rogando que lhe seja dada por Deus a forma "como convém falar" (4.4). Certo pregador, homem de Deus, santo e irrepreensível em sua conduta, desejava pregar o evangelho. Mas, como era muito radical em suas posições doutrinárias, nem sempre conseguia fazer-se ouvir. Foi enviado para dirigir um culto na residência de uma família que recentemente aceitara a Jesus e, no meio da reunião, ao ministrar a Palavra, voltou-se para as paredes da casa, que ainda estavam cheias de quadros de imagens de "santos", e disse em alta voz: "Esses bonecos não servem para nada; Deus não quer que se tenha isso em casa". Foi o suficiente para toda a família revoltar-se e não mais querer ir para a igreja. Aquele homem era santo e bem intencionado; porém, sua palavra não era "temperada com sal".

Deve-se ressaltar, no entanto, que a palavra "agradável" e "temperada com sal" pode ser uma palavra enérgica, e necessária, quando se confronta os inimigos do evangelho. Muitas vezes, a mensagem tem de ser "dura" e firme na defesa da fé, ou dos princípios cristãos, que estão acima de quaisquer interesses humanos. O mesmo Paulo, que aconselha a palavra agradável, certa vez, combatendo um adversário do evangelho, disse: "Ó filho do diabo, cheio de todo o engano e de toda a malícia, inimigo de toda a justiça, não cessarás de perturbar os retos caminhos do Senhor? Eis aí, pois, agora, contra ti a mão do Senhor, e ficarás cego, sem ver o sol por algum tempo" (At 13.10,11). Mas isso ele o fez "cheio do Espírito Santo" (At 13.9), e não por agressividade, nervosismo ou destempero verbal.

c) Palavra Conveniente

> *"... para que saibais como vos convém responder a cada um" (4.6b).*

O apóstolo ressalta a conveniência no falar "a cada um". Certamente, ele sabia que cada pessoa com quem se fala tem uma maneira diferente de reagir ao que se lhe transmite. Mesmo entre os crentes, há diferenças de percepções. Uma repreensão a um crente antigo, maduro na fé, pode ter um efeito positivo e edificante; contudo, a mesma repreensão, dada a um novo convertido, pode matá-lo espiritualmente. Uma palavra de exortação, dada a uma irmã antiga na fé, pode resultar em crescimento espiritual para ela; e a mesma palavra, para uma adolescente, pode causar-lhe tanta tristeza, que a leve a desanimar-se de continuar na igreja.

A vida cristã tem aspectos que a tornam diferente de todo tipo de conduta que se possa observar entre as pessoas na sociedade. E não poderia ser diferente; afinal, os crentes em Jesus são "a geração eleita, o sacerdócio real, a nação santa, o povo adquirido", para anunciar "as virtudes daquele que [os] chamou das trevas para a sua maravilhosa luz" (I Pe 2.9); são "um povo seu especial, zeloso de boas obras" (Tt 2.14). Com oração constante, na presença de Deus, o testemunho cristão certamente será agradável e temperado com o "sal" da graça do Senhor.

---

1 LIMA, Elinaldo Renovato de. *Aprendendo diariamente com Cristo*, p. 15.

2 Citado por CHAMPLIN, Russel Norman. *O Novo Testamento Interpretado*, vol. 5, p. 153.

Capítulo 12

Amados e Fiéis Amigos

Colossenses 4.7-12

"Saúda-vos Epafras, que é dos vossos, servo de Cristo, combatendo sempre por vós em orações, para que vos conserveis firmes, perfeitos e consumados em toda a vontade de Deus" (Cl 4.12).

Na vida cristã, amigos são como pedras preciosas; devem ser amados e considerados. Nos últimos versículos da Carta aos Colossenses, verifica-se que Paulo tinha o cuidado fraterno para com aqueles que eram colaboradores em seu ministério. É um exemplo para os dias presentes, quando vemos, em muitos ministérios, um ambiente de desunião, competição e falta de amor. Pode-se perceber que era pequeno o círculo de cooperadores com que o apóstolo podia contar em sua vida na prisão, mas eram homens que mereciam qualificações dignas de serem imitadas.

Em poucas linhas da carta, pode-se perceber o perfil dos companheiros que Deus concedeu a Paulo, em suas viagens missionárias, bem como no difícil período em que passou encarcerado, aguardando o seu julgamento perante o governo de Roma. A prisão, mesmo com algumas permissibilidades, é uma situação constrangedora. A distância do lar, dos parentes, da igreja local, dos irmãos com quem o apóstolo costumava congregava-se, deve ter produzido no coração de Paulo momentos de solidão, tristeza e sofrimento.

No entanto, ele soube plantar as sementes da amizade e do amor fraternal, quando de sua passagem por diversos lugares e cidades. E, em suas viagens missionárias, ganhou não somente pessoas para Cristo, o que já era motivo de alegria, mas também amigos e companheiros, que lhe seriam muito úteis nos momentos de sua reclusão, por motivo do evangelho. Tíquico, Onésimo, Aristarco, Justo, Lucas, Demas (até certo ponto), e outros, foram companheiros de lutas, que ficaram ao lado do apóstolo, certamente, deixando suas famílias sem assistência direta por algum tempo em que confortaram o homem de Deus, quando estava encarcerado. Se alguém, que dá um copo de água fria a um dos "pequenos" de Jesus, "em nome de discípulo", não perderá de modo algum seu galardão (cf. Mt 10.42), imagine o galardão que aqueles irmãos na fé haverão de receber na eternidade, quando do julgamento das obras dos crentes, por terem dado o apoio, a solidariedade e o conforto a Paulo.

Que Deus conceda a seus obreiros que, nos momentos difíceis das lides ministeriais, possam ter companheiros e amigos, e não apenas colegas. E que o perfil desses seja o de homens de Deus, fiéis, amados e sinceros. Com tais qualidades, certamente, o Reino de Deus só tem a se beneficiar. Que os "Judas", com sua vilania, sejam afastados do caminho dos que doam suas vidas pela obra do Senhor.

I – Tíquico, o Fiel Ministro

> *"Tíquico, irmão amado, e fiel ministro, e conservo no Senhor, vos fará saber o meu estado" (4.7).*

"Tíquico era um dos representantes pessoais de Paulo e provavelmente o portador das cartas aos colossenses e aos efésios..."[1] Converteu-se, ao que tudo indica, durante o ministério de Paulo em Éfeso, na Ásia Menor, em sua terceira viagem missionária. Naquela região, o apóstolo pregou três meses em Éfeso e ensinou durante dois anos, quando Deus operou poderosamente, realizando prodígios e milagres tais, "de sorte que até os lenços e aventais se levavam do seu corpo aos enfermos, e as enfermidades fugiam deles, e os espíritos malignos saíam" (At 19.12). Tíquico e Trófimo foram frutos daquele abençoado trabalho evangelístico. Depois de sofrer terrível perseguição, o apóstolo resolveu voltar a Jerusalém, tendo Tíquico como um dos que o acompanharam. Este era um obreiro cooperador, e foi enviado a Éfeso (2 Tm 4.12) e a outros lugares, em outras missões (Tt 3.12).

1. O "irmão amado"

Dentre os amigos a que se refere em sua Carta aos Colossenses, vê-se que Tíquico recebe uma recomendação especial, sendo chamado por Paulo de "irmão amado, e fiel ministro, e conservo no Senhor". Certamente, a hipocrisia, que era condenada por Paulo, não fazia parte do seu caráter. Ao chamar Tíquico de "irmão amado", sem dúvida alguma, usava uma expressão sincera do conceito que tinha do seu amigo e companheiro de ministério. Esta sem dúvida é qualidade especial de um verdadeiro homem de Deus. No ministério atual, nas igrejas locais, faz-se muito necessário que haja homens que possam ser qualificados como irmãos amados. Para que sejam amados, precisam saber amar. E o amor é o distintivo, a "marca registrada" do verdadeiro cristão (Jo 13.34,35).

2. O "fiel ministro"

A palavra "ministro", aqui, é *diakonos,* identificando aquele que era realmente servo de Deus, a serviço do apóstolo, em sua difícil missão, quando estava encarcerado por causa do evangelho. Era o que se pode dizer, um "braço direito" de Paulo, que, em sua recomendação, ressalta a fidelidade do portador da carta. Um ministro de Cristo tem de ser fiel; do contrário, não é digno da função. E essa fidelidade deve ser demonstrada em todos os aspectos da vida do obreiro. A promessa para entrar no gozo do seu Senhor não é para os mais hábeis, ou mais sábios, mas para os que são bons e fiéis servos (cf. Mt 25.21). Diz o Senhor, em Apocalipse: "Sê fiel até à morte, e dar-te-ei a coroa da vida" (Ap 2.10). Infelizmente em muitos lugares aparecem, e se sobressaem, pessoas infiéis no ministério. Não é de admirar, pois até mesmo no pequeno grupo de doze apóstolos que Jesus tinha ao seu lado havia Judas, o traidor. É um risco que os obreiros correm. Paulo inclui, entre os perigos que sofreu durante sua vida de ministro, além de intempéries, naufrágios, assaltos, "perigos entre os falsos irmãos" (2 Co 11.26). Mas o apóstolo podia contar com companheiros fiéis entre os que com ele militavam na obra do Senhor. Tíquico era um exemplo de ministro fiel.

3. O "conservo no Senhor"

A palavra "conservo" (gr. *syndoulos*) refere-se a alguém que está na mesma situação de servo, ou de escravo. Há quem pense que Tíquico também esteve preso com Paulo; porém, ao que tudo indica, a expressão demonstra que Paulo não se considerava superior a seus companheiros de ministério. Não obstante ser o líder daquele grupo de irmãos, ainda que preso, Paulo colocava-se no mesmo nível de seus liderados, em termos espirituais e no ministério. Era uma característica dos apóstolos de Jesus. Pedro, dirigindo-se aos presbíteros, diz: "eu, que sou também presbítero com eles..." (1 Pe 5.1). À luz da Palavra de Deus, na realidade, é o que todos somos; nada menos, e também nada mais do que isso. Somos servos de Cristo, e conservos de nossos irmãos. Fomos chamados para servir a Deus, servindo aos servos do Senhor.

No ministério que nos foi confiado por Cristo, não há lugar para superioridade. Só Ele, Cristo, é Grande. Para que o espírito de soberba e a sede de poder não dominasse a mente de seus discípulos, Jesus exortou-lhes a que não tivessem idéias de poder, de mando ou de superioridade. E lhes disse: "... todo aquele que quiser, entre vós, fazer-se grande, que seja vosso serviçal; e qualquer que, entre vós, quiser ser o primeiro, que seja vosso servo" (Mt 20.26,27). Até no céu, os anjos são conscientes de sua missão junto aos servos de Cristo. Quando João quis lançar-se aos pés do anjo que falava com ele, o mensageiro celestial disse-lhe: "Olha, não faças tal; sou teu conservo e de teus irmãos que têm o testemunho de Jesus; adora a Deus" (Ap 19.10).

4. O servo consolador

Tíquico, além de ser portador da carta aos colossenses, deveria colocá-los a par do estado em que Paulo se encontrava, ao mesmo tempo em que deveria inteirar-se da situação espiritual dos crentes de Colossos. Com tal missão, deveria consolar o coração dos irmãos a quem Paulo escrevia. O termo "consolar", no grego, é *parakaleo*, e tem o sentido de confortar, alentar, e também de exortar com amor. Tíquico seria, naquela missão, um *parakleto*, ou consolador, representando o Espírito Santo (o Parakleto Supremo). Mesmo sem nunca se terem visto pessoalmente, os irmãos de Colossos, decerto, tinham por Paulo um zelo e um carinho especial. Era o pastor que estava encarcerado, o que preocupava os seus discípulos. E Paulo, preocupado com os irmãos, envia o mensageiro para dar-lhes notícias e consolar seus corações. José, que também foi companheiro de Paulo, era cognominado Barnabé, ou "Filho da Consolação" (At 4.36). Nos momentos difíceis, em meio às lutas do ministério, é uma bênção poder contar com amigos que tenham a sensibilidade para serem consoladores.

II – Onésimo, Companheiro de Missão

> *"juntamente com Onésimo, amado e fiel irmão, que é dos vossos; eles vos farão saber tudo o que por aqui se passa" (4.9).*

Onésimo significa "útil". Era nome comum, à época em que a Epístola aos Colossenses foi escrita. Ainda que haja alguma divergência entre os comentadores, há mais concordância em se aceitar que Onésimo, recomendado por Paulo aos colossenses, é o escravo convertido que é mandado de volta a Filemom, seu senhor, a que se refere a carta com esse nome. Onésimo, como escravo fugitivo, foi preso e enviado à prisão. Ali, conheceu o apóstolo Paulo, ouviu a mensagem do evangelho e aceitou a Cristo como seu Salvador.

Onésimo foi muito "útil" ao apóstolo, ajudando-o em seu período de encarceramento. Mas Paulo resolveu enviá-lo a Filemom, que era um servo de Deus, residente em Colossos (cf. Fm 1,4,5). Já que se convertera a Cristo, Onésimo precisava reparar os erros cometidos para com seu senhor. E Paulo o envia, em companhia de Tíquico, para levar a carta aos colossenses. Não se pode imaginar o que se passava na mente de Onésimo no retorno ao lugar de origem. Ele saíra de lá como um escravo fugitivo, sujeito às penas do castigo previsto para esse caso; porém, quando de sua volta, estava liberto por Cristo, pelo seu evangelho, que lhe foi transmitido por Paulo. Sem dúvida, levava no coração uma alegria indizível, principalmente porque seu "pai na fé", Paulo, enviava por sua mão uma carta a Filemom, cheia de recomendações pessoais e fraternais a que seu antigo senhor o receba, "não já como servo; antes, mais do que servo, como irmão amado" (v. 16), chamando-o de "meu filho" (v. 10).

Assim, apresentando Onésimo como co-portador da Carta aos Colossenses, Paulo dá uma demonstração cabal acerca de sua visão cristã, em relação ao tratamento que o patrão, ou o senhor (à época), deveria dar ao servo ou ao escravo. Se

Paulo não se levantou contra o regime infame da escravidão, também não deixou de exortar aos senhores crentes quanto ao comportamento e as relações entre eles e seus servos, dentro do contexto da nova vida em Cristo Jesus.

III – Companheiros de Jugo

> *"Aristarco, que está preso comigo, vos saúda, e Marcos, o sobrinho de Barnabé, acerca do qual já recebestes mandamentos; se ele for ter convosco, recebei-o; e Jesus, chamado Justo, os quais são da circuncisão; são estes unicamente os meus cooperadores no Reino de Deus e para mim têm sido consolação"* (4.10,11).

Além de Onésimo e Tíquico, Paulo tinha outros amigos, que eram verdadeiros companheiros em sua vida na prisão. Aristarco (v. 10) era prisioneiro, juntamente com o apóstolo; Marcos, era sobrinho de Barnabé; havia ainda um terceiro, "Jesus, chamado Justo" (v. 11). Segundo Paulo, esses três últimos eram "da circuncisão", ou seja, eram judeus convertidos ao cristianismo, e formavam um grupo de amigos mais chegados, de quem o apóstolo tinha uma cooperação destacada, a ponto de dizer: "... são estes unicamente os meus cooperadores no Reino de Deus e para mim têm sido consolação".

Nas palavras do apóstolo Paulo, aqueles companheiros lhe serviam de consolação. A vida sob reclusão, mesmo com liberdade para falar acerca da Palavra, receber visitas e enviar mensagens, certamente era carregada de momentos de solidão, tristeza, saudade e anseio por um dia poder voltar a desenvolver o trabalho do Senhor com liberdade, contemplando os irmãos face a face. Pode-se perceber que o número de colaboradores era pequeno. Aristarco, quando em liberdade, acompanhava Paulo em suas viagens, tendo sido, inclusive, preso em Éfeso, quando do alvoroço provocado durante sua estada ali (At 19.29; At 20.4; 27.2). João, que tinha por sobrenome Marcos, o sobrinho de Barnabé, era companheiro de jornada (At 12.12,25; 13.13; 2Tm 4.11). Justo, no grupo de Paulo, é o único que aparece em poucas referências. Mas era um companheiro de jugo, ao lado dos outros que mais se destacaram junto ao ministério paulino.

Certamente, nas lides do ministério de Cristo, os obreiros precisam de amigos e companheiros; não apenas de colegas de trabalho. Estes podem existir em qualquer lugar; porém, no ministério, há necessidade de pessoas que mereçam o nome de amigos e companheiros de lutas. A vida ministerial, quando levada a sério, é um misto de alegrias e frustrações; de êxitos e falhas; lutas e vitórias; reconhecimento (nem sempre) e decepções; críticas e não poucas referências maliciosas. Muitas vezes, mesmo no seio da Igreja, o adversário consegue usar pessoas que se dizem cristãs, como seus instrumentos, a fim de causar tristeza e desânimo aos obreiros de Cristo. Por isso, há necessidade de se buscar, entre muitos, aqueles que podem dar a mão e oferecer o apoio indispensável ao cumprimento da missão que é confiada aos homens de Deus. Paulo teve a alegria de encontrar companheiros em sua difícil e penosa missão, desde que se encontrou com Jesus, no caminho de Damasco.

Em seguida, o apóstolo envia saudação em nome de Epafras, seu representante pessoal junto aos colossenses (v. 12), destacando seu importante papel de intercessor como verdadeiro combatente em orações, e dando testemunho do seu zelo pelos irmãos, como também pelos laodicenses (v. 13) e pelos hierapolitanos. Esse colaborador do ministério de Paulo era um companheiro de prisão (Fm 23), filho na fé do apóstolo, e deve ter se convertido quando da viagem missionária em que Paulo passou por Éfeso (At 19). Pode-se ver que os outros discípulos citados na carta eram companheiros que com ele estavam na prisão. Mas Epafras era um verdadeiro missionário e ensinador. Foi ele quem levou o evangelho a Colossos (1.7), bem como às cidades vizinhas de Hierápolis e Laodicéia. Era homem de Deus, preparado por Paulo para continuar a missão.

Nessa parte da missiva, Paulo cita mais dois companheiros. Envia saudação em nome de Lucas, "o médico amado", e Demas. Segundo a Bíblia de Aplicação Pessoal, "Lucas passou muito tempo com Paulo, não somente acompanhando-o na maior parte de sua terceira viagem missionária, mas permanecendo com ele na prisão em Roma. Lucas escreveu o Evangelho que traz o seu nome e o livro de Atos. Seu perfil está em Atos. Demas foi fiel durante algum tempo. Entretanto abandonou Paulo porque 'amava o presente século' (2 Tm 4.10)".[2] Com relação a Lucas, não há dúvida de que foi um amigo, companheiro e médico, que assistiu Paulo em sua jornada durante muito tempo. Quanto a Demas, embora não haja na epístola qualquer referência explícita à sua pessoa, ao que tudo indica foi um companheiro de fraca personalidade, pois, no momento em que mais Paulo precisava de sua ajuda e presença, a exemplo dos outros citados na epístola, tomou um caminho diferente, desviando-se da fé, amando o mundo com seus apelos. Isso mostra que, no ministério, vez por outra, infelizmente, há pessoas que causam decepções e tristezas. Não se deve esquecer, no entanto, que, no pequeno grupo de apenas doze apóstolos, Jesus sofreu talvez a mais amarga das traições, ao ser vendido por Judas, por trinta moedas de prata.

[1] *Bíblia de Aplicação Pessoal*, p. 1682.

[2] Ibid., p. 1682.

Capítulo 13

Saudações Edificantes

Colossenses 4.12-18

"Saudai aos irmãos que estão em Laodicéia, e a Ninfa, e à igreja que está em sua casa" (Cl 4.15).

As últimas saudações de Paulo aos colossenses contêm informações valiosas sobre a vida dos cristãos nos primeiros séculos. Não são apenas formas comuns de iniciar, ou de concluir uma carta; são, na verdade, pensamentos concisos, que provêm de um coração grato e cheio de sentimentos de amor, de bondade e de boa vontade para com aqueles a quem se destinam. As saudações paulinas ensinam verdades simples e significativas, quando observadas com cuidado e perspicácia. Revelam que Paulo não esquecia os amigos e cooperadores de seu ministério. Ele tinha o dom de ser grato, tanto aos mais destacados colaboradores, como aos menos ilustres.

No texto em foco, o apóstolo saúda Ninfa, "e à igreja que está em sua casa". Numa época em que os lares eram usados como locais de culto, de reunião e de ensino, o experiente Paulo não se olvidava dos que lhe ofereceram hospitalidade e acolhida em seus próprios lares. Por onde passava, em suas viagens missionárias, sempre havia alguém que o recebia com alegria e amor. Os irmãos de Laodicéia não foram omitidos na epístola. Uma carta que lhes foi enviada, ao que parece, perdeu-se em algum lugar; contudo, eles não foram esquecidos.

Na carta, verifica-se que havia um entrelaçamento de amizade entre as igrejas fundadas por Paulo. Os de Colossos deveriam ler a carta, e, depois, enviá-la aos laodicenses. Estes, por sua vez, também deveriam ler a carta a eles destinada, e, depois, partilhá-la com os de Colossos. Nota-se que a comunhão (gr. *koinonia*) era bem cultivada entre eles. Colossos, Laodicéia e Hierápolis eram cidades vizinhas, e os crentes trocavam correspondência entre si, o que demonstra que as visitas mútuas eram comuns. Finalmente, Paulo exorta outro companheiro, Arquipo, a que não se descuide do ministério (gr. *diakonia*) que recebera do Senhor. Era o cuidado do mestre para com seu discípulo, de tal forma que o mesmo não perdesse o galardão do servo, do diácono ou ministro de Cristo. O texto é curto, reduzido em seu conteúdo, mas grande em seu significado, não só para o tempo em que foi escrito, mas para os dias presentes, quando as igrejas locais carecem de padrões ou exemplos de comportamento.

I - Uma Igreja no Lar

"Saudai aos irmãos que estão em Laodicéia, e a Ninfa, e à igreja que está em sua casa" (4.15).

1. Não havia templos

Em Colossos, como nas comunidades cristãs nos primeiros séculos, não havia templos ou edifícios em que os fiéis pudessem reunir-se para adorar a Deus. Só no terceiro século começaram a ser construídos os primeiros lugares de culto. Paulo, em suas linhas finais da carta, pede que os colossenses saúdem os irmãos de Laodicéia, e de modo particular, refere-se a Ninfa, "e à igreja que está em sua casa". Só por milagre de Deus a Igreja do Senhor Jesus Cristo pôde crescer, em meio às perseguições ferrenhas, e desenvolver-se tanto, a ponto de se espalhar por todos os continentes. O seu início foi extremamente difícil, pois não havia sequer lugar em que os crentes pudessem reunir-se regularmente. A princípio, tentaram ajuntar-se no Templo, em Jerusalém. No livro de Atos, lemos que Jesus, "estando com eles, determinou-lhes que não se ausentassem de Jerusalém, mas que esperassem a promessa do Pai..." (At 1.4). Onde eles se reuniam? Onde se congregavam? Após a ascensão do Senhor, eles voltaram a Jerusalém, "E, entrando, subiram ao cenáculo, onde habitavam Pedro e Tiago, João e André, Filipe e Tomé, Bartolomeu e Mateus, Tiago, filho de Alfeu, Simão, o Zelote, e Judas, filho de Tiago" (At 1.13). O cenáculo foi o lugar temporário de reunião, quando havia apenas umas 120 pessoas (At 1.15). No Dia de Pentecostes, "estavam todos reunidos no mesmo lugar" (At 2.1).

2. "No templo e nas casas" (At 5.42)

A solução foi buscar o abrigo para a novel igreja nos lares dos próprios crentes. O Templo não era cristão; era o lugar por excelência do culto judaico. Ali, eram oferecidos sacrifícios, holocaustos e se desenvolviam todos os demais ritos, segundo a lei. No máximo, os cristãos utilizavam o alpendre, que ficava do lado externo. Mas continuaram a realizar trabalhos naquele local, ao mesmo tempo que se espalhavam, pregando o evangelho e ensinando nos lares. Diz o livro de Atos: "E todos os dias, no templo e nas casas, não cessavam de ensinar e de anunciar a Jesus Cristo" (5.42). Esse costume passou para outras cidades, além de Jerusalém. Na Carta aos Colossenses, Paulo envia saudação a Ninfa, "e à igreja que está em sua casa" (4.15). A casa de Filemom, em Colossos, era lugar de reunião cristã (Fm 2). Quando Paulo ia a Filipos, costumava hospedar-se na casa de Lídia, a vendedora de púrpura; em Corinto, a casa de Gaio servia para hospedar, não só o apóstolo, mas "toda a igreja" (Rm 16.23). Em nome das "igrejas da Ásia", Paulo envia saudações, destacando a igreja que se reunia na casa de um casal cristão, dizendo: "As igrejas da Ásia vos saúdam. Saúdam-vos afetuosamente no Senhor Áqüila e Prisca, com a igreja que está em sua casa" (I Co 16.19); "Saudai a Priscila e a Áqüila... Saudai também a igreja que está em sua casa" (Rm 16.3,5).

Após o discurso de Pedro, "foram batizados os que de bom grado receberam a sua palavra; e, naquele dia, agregaram-se quase três mil almas" (At 2.41). Durante certo tempo permaneceram no Templo, e "partindo o pão em casa, comiam juntos com alegria e singeleza de coração" (At 2.46). Tempos depois, os cristãos reuniam-se, ainda no Templo, mas no "alpendre de Salomão" (3.11). Porém, certamente, não puderam ficar ali por muito tempo por duas razões. Primeiro, pelo crescimento da comunidade cristã: "E todos os dias acrescentava o Senhor à igreja aqueles que se haviam de salvar" (At 2.47). Segundo, em virtude da terrível perseguição que se levantou contra os apóstolos. Não tardou, e o Diabo usou os líderes judaicos contra os líderes da Igreja. Incomodados com a pregação, os sacerdotes, os saduceus e o capitão do Templo mandaram lançar na prisão Pedro e João, após a cura do coxo, junto à Porta Formosa (At 4.1-3). Àquela altura, o número dos crentes já chegava a quase cinco mil (At 4.4). Mas ainda conseguiam reunir-se na dependência do Templo: "E estavam todos unanimemente no alpendre de Salomão" (At 5.12). Porém "a multidão dos que criam no Senhor, tanto homens como mulheres, crescia cada vez mais" (At 5.14). O crescimento da Igreja incomodava, o que levou novamente os apóstolos a serem aprisionados, sendo uma vez mais libertos pelo poder de Deus (At 5.17-28).

Presentemente, os lares cristãos têm sido alvo de intenso ataque das trevas, através da mídia e da falta do culto doméstico. Muitos pais já não podem dizer "Eu e minha casa serviremos ao Senhor". A igreja de Colossos congregava-se, basicamente, nos lares, por não existirem templos em que pudessem cultuar a Deus. Hoje, graças a Deus, há estruturas apropriadas para a congregação dos crentes. Mas os lares têm sido sub-utilizados como meios para a evangelização, enquanto as seitas e os movimentos heréticos têm proliferado, disseminando falsas doutrinas nas casas e arrebatando muitos crentes das igrejas locais. Seria de grande proveito se as igrejas locais incentivassem os crentes a colocarem seus lares à disposição do trabalho de evangelização e discipulado. Certamente, o ambiente doméstico haveria de mudar para melhor, face ao serviço cristão ali realizado. A

Igreja do Evangelho Pleno, em Seul, na Coréia do Sul, tem tido um crescimento extraordinário, a partir dos "Grupos Familiares"; em alguns lugares, no Brasil, há experiências bem-sucedidas nessa estratégia, ou método, de evangelização. Não há qualquer necessidade de se introduzirem heresias, ou ensinos extrabíblicos quando se realizam trabalhos evangelísticos nos lares, ou de transformar lares em igrejas. Aproveitar a casa dos crentes para propagar o evangelho de Cristo, em harmonia e sob a orientação da igreja local, é um método que tem fundamento bíblico, no exemplo dos cristãos primitivos.

Há crentes que só vão à igreja aos domingos. Uns, porque trabalham, ou estudam, e não podem ir aos cultos durante outros dias. Outros, porém, deixam de ir à casa do Senhor simplesmente porque precisam acompanhar os capítulos da novela preferida, assistir a última partida do time preferido, ou porque preferem ficar em casa, fazendo outra coisa qualquer. Ainda que em muitos lugares, especialmente nos grandes centros, existam igrejas onde é comum as pessoas não terem que se deslocar muito de suas casas, muitos não dão valor ao lugar de adoração a Deus. O exemplo dos cristãos primitivos nos sugere que o lugar de reunião deve ser amado e valorizado, pois muitos pagaram um alto preço para poder congregar-se para adorar a Cristo. Na antiga União Soviética, muitos crentes foram presos por se reunirem em lugares secretos. Na China, muitos cristãos, ainda hoje, são presos por pregarem o evangelho nas "igrejas nos lares", pois não lhes é permitido construir edifícios de culto, exceto para as chamadas "igrejas oficiais", ou oficializadas.

II – Compartilhando o Ensino Cristão

"E, quando esta epístola tiver sido lida entre vós, fazei que também o seja na igreja dos laodicenses; e a que veio de Laodicéia, lede-a vós também" (4.16).

1. Cartas valiosas

Na Carta aos Colossenses, Paulo demonstra que as epístolas pastorais, contendo o ensino apostólico, eram lidas entre os irmãos, durante a reunião costumeira. Diz o apóstolo: "E, quando esta epístola tiver sido lida entre vós..." Não havia sistema de reprodução de documentos, e se fossem copiados, teriam que ser feitos à mão. Sem dúvida alguma, quanto valor os crentes davam às cartas do apóstolo Paulo! Elas eram uma preciosidade para a segurança espiritual; continham mensagens doutrinárias, mas, também, de consolação, de conforto, de estímulo, num momento em que os cristãos estavam ameaçados espiritualmente por heresias perigosas e, fisicamente, por inimigos do evangelho, que os perseguiam de modo cruel. Paulo orienta que, após a leitura da carta entre os colossenses, a mesma seja lida "na igreja dos laodicenses" — uma igreja situada na vizinha cidade de Laodicéia. Não sabemos se o original da epístola era enviado, ou se cópia era feita para facilitar o trabalho de disseminação da mensagem.

2. O intercâmbio entre os irmãos

Outro ponto importante, que revela um pouco do intercâmbio entre os cristãos primitivos, é o fato de Paulo determinar que *outra carta*, procedente da igreja vizinha, fosse lida entre os colossenses: "... e a que veio de Laodicéia, lede-a vós também". Que carta foi essa? Qual o seu teor? Não se sabe e nunca se descobriu. A quem diga que a "carta aos laodicenses" é a conhecida Carta aos Efésios; ou a Carta a Filemom; ou, ainda, que se tratava de uma carta, escrita por Epafras, que se perdeu em algum lugar. Mas não há segurança quanto a essa hipótese. Ao certo, só se sabe que ela existiu e que deve ter se extraviado. Talvez porque alguém a destruiu, ou por outro motivo desconhecido. Há quem também sugira que aquela carta não foi conservada, porque a igreja em Laodicéia desviou-se dos princípios cristãos, conforme o julgamento contido em Apocalipse 3.14-22, tornando-se uma igreja "morna".

III – A Continuidade do Ministério (4.17)

> *"E dizei a Arquipo: Atenta para o ministério que recebeste no Senhor, para que o cumpras" (4.17).*

O apóstolo Paulo, como já foi visto, tinha um pequeno, mas seleto grupo de cooperadores. O único que destoou dos outros foi Demas, que abandonou seu líder, "amando o presente século" (2Tm 4.10). A lista desses colaboradores é acrescida com o nome de Arquipo, que deveria ser um integrante da Igreja em Colossos. Martin[1] sugere que seria um filho de Filemom. Provavelmente, ele era um diácono, pois o termo "ministério" (gr. *diakonia*) dá a entender um trabalho de diáconos. Mas pode ter sido um obreiro com outra função, até mesmo de pregador, ou ensinador, encarregado do socorro aos necessitados, pois, nos primórdios da Igreja, não havia uma distinção precisa desse ofício, exceto quando de sua origem, em Atos 6.

A recomendação de Paulo à Igreja em Colossos, com relação a Arquipo, deve ter sido muito importante, pois a carta seria lida em voz alta, diante dos crentes, reunidos para ouvir a mensagem do apóstolo. Arquipo era lembrado para que atentasse para o "ministério" que recebera "no Senhor", e para que o cumprisse, ou seja, para que o continuasse e concluísse as tarefas ministeriais que lhe foram confiadas. A carta não explicita que tipo de trabalho era executado por Arquipo, mas deve ter sido relevante, pois o apóstolo inclui a recomendação que lhe deveria ser transmitida de modo enfático. Martin admite que o "ministério" que Arquipo deveria cumprir seria "aceitar como seu campo de trabalho a responsabilidade pastoral anteriormente exercida por Epafras".[2] É uma hipótese válida, segundo alguns comentaristas.

IV – Palavras Finais

"Saudação de minha mão, de Paulo. Lembrai-vos das minhas prisões. A graça seja convosco. Amém!" (4.18)

I. Autenticando a carta (4.18a)

Normalmente, as cartas de Paulo eram escritas por um cooperador, que fazia o papel de secretário, ou escriba. Ele as ditava e o secretário, ou amanuense, escrevia. Um desses ajudantes era Tércio, conforme se pode ler na Carta aos Romanos: "Eu, Tércio, que esta carta escrevi, vos saúdo no Senhor" (Rm 16.22). No entanto, na Carta aos Colossenses, o apóstolo fez questão de dar um toque pessoal, dizendo: "Saudação de minha mão, de Paulo". Em outras cartas, há esse mesmo recurso (cf. Gl 6.11; I Co 16.21). Segundo Martin, poderia haver "cartas forjadas em seu nome que estavam sendo enviadas para as suas congregações. Uma maneira de ele reagir a estas falsificações era afixar sua própria assinatura como sinal de autenticidade".[3] No final da Carta aos Tessalonicenses, ele escreveu: "Saudação da minha própria mão, de mim, Paulo, que é o sinal em todas as epístolas; assim escrevo" (2 Ts 3.17).

2. Um apelo necessário (4.18b)

Em sua penúltima frase, Paulo pede aos colossenses que se lembrem de suas prisões, ou algemas. Certamente, ele não estava dominado por um sentimento de comiseração ou de melancolia e tristeza, como um homem vencido. Ele estava, na verdade, lembrando aos irmãos que se encontrava preso, por causa do evangelho, e não por qualquer outra razão. Ao apelar para que se lembrassem de sua situação, Paulo queria incentivar seus discípulos para que continuassem firmes nos caminhos do Senhor. Se ele, Paulo, estava perseverando na fé, a despeito de sua situação, atrás das grades da prisão, os colossenses poderiam continuar firmes, servindo ao Senhor, em obediência ao ensino que lhes era ministrado. O apelo também deve ter o escopo de pedir orações para que pudesse suportar as agruras da reclusão.

3. "A graça seja convosco. Amém!" (4.18c)

É uma saudação comum a diversas cartas (cf. 1 Tm 6.21; 2 Tm 4.22). Da mesma forma que iniciou a carta (1.2), Paulo a termina, desejando que a graça de Deus seja com os seus discípulos colossenses. A palavra "graça" (hb. *hessed*; gr. *charis*; lat. *gracia*) tem várias conotações. Segundo o Dicionário Internacional de Teologia do Novo Testamento, "O NT emprega o termo *charis* 155 vezes, mormente nas epístolas de Paulo (100 vezes)..."[4] Pode significar "Favor que se obtém da parte de Deus"; "Favor imerecido concedido por Deus à raça humana";[5] "a graça é aquele poder que flui da parte de Deus ou do Cristo exaltado, e acompanha a atividade dos apóstolos, dando sucesso à missão deles (At 6.8; 11.23; 14.26)".[6] Certamente, é nesse aspecto que Paulo emprega a palavra "graça" em sua carta. Na salvação, "graça é o perdão pelo Juiz divino, que atribui ao pecador a justiça de Cristo".

---

[1] MARTIN, Ralph P. *Colossenses e Filemom,* p. 150.

[2] Ibid., p. 151.

[3] Ibid., p. 151.

[4] COENEN, Lothar & BROWN, Colin. *Dicionário Internacional de Teologia do Novo Testamento,* vol. II, p. 910.

[5] ANDRADE, Claudionor de. *Dicionário Teológico,* pp. 168,169.

[6] COENEN, Lothar & BROWN, Colin. *Dicionário Internacional de Teologia do Novo Testamento,* vol. II, p. 911.

Bibliografia

ANDRADE, Claudionor de. *Dicionário Teológico*. Rio de Janeiro, CPAD, 2001.

ARRINGTON, French L. & STRONSTAD, Roger. *Comentário Bíblico Pentecostal – Novo Testamento*. Rio de Janeiro, CPAD, 2003.

Bíblia de Aplicação Pessoal. Rio de Janeiro, CPAD, 2003.

Bíblia de Estudo Pentecostal. Rio de Janeiro, CPAD, 1995.

CHAMPLIN, Russel Norman. *O Novo Testamento Interpretado – Versículo por Versículo*. São Paulo, Milenium, 1986.

COENEN, Lothar & BROWN, Colin. *Dicionário Internacional de Teologia do Novo Testamento*. Vol. II, São Paulo, Vida Nova, 2000.

DAMIÃO, Valdemir. *História das Religiões*. Rio de Janeiro, CPAD, 2003.

DAVIDSON, F. *O Novo Comentário da Bíblia*. Vol. III, São Paulo, Vida Nova, 1963.

Dicionário Michaelis.

LIMA, Elinaldo Renovato de. *Aprendendo diariamente com Cristo*. Rio de Janeiro, CPAD, 2003.

______. *Ética Cristã*. Rio de Janeiro, CPAD, 2002.

MARTIN, Ralph P. *Colossenses e Filemom*. São Paulo, Mundo Cristão, 1987.

MATHER, George A. & NICHOLS, Larry A. *Dicionário de Religiões, Crenças e Ocultismo*. Vida, São Paulo, 2000.

OLIVEIRA, F. Raimundo. *Seitas e Heresias*. Rio de Janeiro, CPAD, 1987.

PÁTZIA, Arthur G. *Novo Comentário Bíblico Contemporâneo – Colossenses, Filemom*. São Paulo, Vida, 1995.